# 区块链数字金融

## 数字经济时代的新引擎

王文海 董正杰 著

  化学工业出版社

·北京·

## 内容简介

区块链技术赋能金融，将为数字经济的发展提供新动力。

本书介绍了区块链技术的基础原理和数字金融的相关理论，详细阐述了区块链如何赋能传统金融。着重从应用的角度出发，提出了区块链应用于不同行业的链改模式：区块链＋数字货币，区块链＋支付，区块链＋银行，区块链＋共享金融，区块链＋保险，区块链＋证券，区块链＋供应链金融，区块链＋票据。

本书系统梳理了区块链数字金融的技术内涵及应用前景，旨在为区块链技术与金融场景的更多融合提供参考。

**图书在版编目（CIP）数据**

区块链数字金融：数字经济时代的新引擎/王文海，董正杰著. —北京：化学工业出版社，2022.2（2023.8重印）
ISBN 978-7-122-40768-9

Ⅰ.①区⋯ Ⅱ.①王⋯ ②董⋯ Ⅲ.①区块链技术－应用－金融业－研究 Ⅳ.①F83-39

中国版本图书馆CIP数据核字（2022）第023447号

责任编辑：贾　娜　　　　　　　　　　美术编辑：王晓宇
责任校对：宋　玮　　　　　　　　　　装帧设计：水长流文化

出版发行：化学工业出版社（北京市东城区青年湖南街13号　邮政编码100011）
印　　装：北京天宇星印刷厂
710mm×1000mm　1/16　印张12　字数142千字　2023年8月北京第1版第2次印刷

购书咨询：010-64518888　　　　　　　　售后服务：010-64518899
网　　址：http://www.cip.com.cn
凡购买本书，如有缺损质量问题，本社销售中心负责调换。

定　　价：49.80元　　　　　　　　　　　　　　　　　版权所有　违者必究

# 前言

从互联网技术开始，人们对以大数据、人工智能、物联网、区块链等为代表的数字技术越来越好奇并进行不断的研究和探索，这些技术正深刻改变着人们的生产和生活方式，推动着社会进步与经济发展。区块链无疑是当下人们最为关注和广为讨论的话题之一。区块链技术的本质是金融科技，所以，金融业是区块链最重要的应用领域之一。

随着数字经济新形态的发展，数字经济正在开启一个时代的重大转型，从而带动新的生产方式的变革，加速经济结构重组。金融作为社会的重要支柱，在信息技术发展的同时一定会进行更多的创新和发展。区块链在未来新金融创新中将起到数据组织平台的作用，成为数据组织、机构协同的基础设施。区块链技术通过记录数据、传递信任，可以有效降低金融交易成本，提升各个环节的协作能力，从而帮助解决数据交易、信用传递和有效监管方面的难题。

世界经济论坛（World Economic Forum，WEF）刊文称，区块链代表了可持续数字金融的核心要素之一，即一种将新兴技术与具有环保意识的商业模式相结合的新范式。

中国人民银行发布的《金融科技（FinTech）发展规划（2019—2021年）》重点指出了金融科技的历史重任，包括金融科技成为推动金融转型升级的新引擎、金融服务实体经济的新途径、促进普惠金融发展的新机遇、防范化解金融风险的新利器。

可见，区块链与数字经济和金融科技的连接将成为未来发展的必然。

区块链被业界称为"价值互联网"，目前区块链技术应用已延伸到数字金融、物联网、智能制造、供应链管理、数字资产交易等多个领域。从国际形势看，目前全球许多国家都在加快布局区块链技术发展，尤以美国、德国、日本、韩国和新加坡最为积极。我国在区块链领域拥有良好基础，要把区块链作为核心技术自主创新的重要突破口，明确主攻方向，加大投入力度，着力攻克一批关键核心技术，加快推动区块链技术和产业创新发展。

近年来，金融工作者和科技工作者也投入极大的热情进行将区块链技术用于数字金融方面的研究，通过技术的验证应用已催生一定规模的商业产品，并在供应链金融、跨境支付、保险、证券等场景中落地。

数字金融的核心就是点对点的支付清算和非担保的交易交收。如果没有可以信任的工具和技术是做不到点对点交易的，所以需要一个中介来担保交易。如果未来中介消失，交易如何做到实时清结算呢？目前看来，区块链技术和数字货币是解决这些问题最好的技术方案。区块链技术的特点是足够数字化，它可以跨境、跨组织、跨时空，数据的流动没有边界，它是自组织去中心化和分布式的。所以，区块链既是一种改变传统商业模式的工具，也是一套重构商业底层逻辑的制度。数字金融作为国家经济战略的重要组成部分，借助区块链技术的核心驱动力，可以重构金融生态。

区块链技术在支付端优化了传统的支付体系，为金融体系提供了更好的流动性；此外，区块链技术助力传统供应链金融的信用传递，将价值传递给小微企业，实现资源有效配置；同时，区块链技术助力监管科技，为监管者提供了更强有力的监管手段，有助于把控各种金融风险。

随着区块链技术与金融场景的不断结合，相信会有越来越多的商业模式落地，越来越多的人才去主动拥抱学习区块链技术，助力金融数字化迈入新阶段。

本书分为12章，前两章分别介绍区块链技术的基础原理和数字金融的相关理论，第3章阐述区块链如何赋能传统金融，后面9章重点介绍区块链在金融领域，如数字货币、支付、银行、共享金融、保险、证券、供应链金融、票据领域的应用现状。本书在编撰的过程中借鉴了很多同行和其他学者的宝贵经验和观点，衷心感谢前人指路和分享经验。

由于区块链数字金融领域发展迅速，新技术与新模式不断涌现，加之编写仓促，书中难免会有对区块链技术解读的疏漏，欢迎读者朋友们提出宝贵建议和意见，以进一步修正和完善本书。

# 目录

## 第1章　区块链基础原理

1.1　区块链的技术演进 ……………………………………………… 002

1.2　区块链主要特性与核心价值 …………………………………… 003

1.3　密码学、共识算法、分布式账本、智能合约 ………………… 007

1.4　区块链技术逻辑与运行原理 …………………………………… 011

1.5　区块链公有链、私有链、联盟链 ……………………………… 014

## 第2章　何为数字金融

2.1　数字金融的概念 ………………………………………………… 018

2.2　区块链对数字金融的颠覆与赋能 ……………………………… 020

2.3　数字金融：全方位变革人、信息、场景 ……………………… 022

2.4　区块链数字金融的发展与未来趋势 …………………………… 025

2.5　区块链与人工智能、大数据、云计算 ………………………… 027

2.6　国际和国内区块链金融应用现状 ……………………………… 029

## 第3章　区块链如何赋能传统金融

3.1　区块链金融与互联网金融的联系和区别 ……………………… 036

3.2 区块链成为数字金融信任载体 ........................................................038

3.3 区块链保障金融应用更加安全可靠 ................................................040

3.4 区块链技术助力金融服务创新 ........................................................043

3.5 区块链对货币政策的影响 ................................................................046

3.6 区块链推动金融机构数字化转型 ....................................................047

## 第 4 章　区块链数字金融——区块链 + 数字货币

4.1 数字货币的起源与定义 ....................................................................051

4.2 数字货币的主要特征 ........................................................................054

4.3 数字货币产业链 ................................................................................056

4.4 区块链对数字货币的影响 ................................................................058

4.5 区块链数字货币潜在的风险 ............................................................060

4.6 区块链 + 数字货币的应用案例 ........................................................062

## 第 5 章　区块链数字金融——区块链 + 支付

5.1 支付业的发展趋势与运行特征 ........................................................065

5.2 支付业面临的发展需求与痛点 ........................................................067

5.3 区块链对支付痛点的解决与赋能 ....................................................069

5.4 区块链何以能重新定义企业支付 ....................................................072

5.5 区块链在支付领域的优势和风险 ....................................................074

5.6 区块链 + 支付的应用案例 ................................................................076

## 第 6 章　区块链数字金融——区块链 + 银行

### 6.1　商业银行发展现状与变革需求 ... 080
### 6.2　数字时代的银行痛点 ... 082
### 6.3　区块链对银行需求与痛点的解决 ... 083
### 6.4　区块链 + 银行的应用案例 ... 086

## 第 7 章　区块链数字金融——区块链 + 共享金融

### 7.1　互联网金融与共享金融 ... 089
### 7.2　共享金融的两大动力：技术与制度 ... 090
### 7.3　区块链助力实现共享金融 ... 092
### 7.4　区块链 + 共享金融的风险与监管 ... 093

## 第 8 章　区块链数字金融——区块链 + 保险

### 8.1　传统保险业务的局限性与发展瓶颈 ... 096
### 8.2　区块链技术突破保险局限性 ... 097
### 8.3　区块链技术如何赋能保险业 ... 100
### 8.4　区块链与人身险、车险及再保险 ... 103
### 8.5　区块链在保险业的挑战与前景 ... 107

## 第 9 章　区块链数字金融——区块链 + 证券

### 9.1　证券业的发展趋势与面临的挑战 ... 112

9.2 区块链可以加速资产证券化 ........................................ 113

9.3 区块链技术在证券市场的应用分析 ................................ 116

9.4 区块链在证券交易过程中的应用 .................................. 119

9.5 区块链在证券业的未来与监管建议 ................................ 122

9.6 区块链技术＋证券的应用案例 .................................... 125

## 第10章　区块链数字金融——区块链＋供应链金融

10.1 供应链金融模式简况与局限性 ................................... 129

10.2 区块链在供应链金融中的应用 ................................... 132

10.3 供应链金融实现数字化 ......................................... 135

10.4 区块链与供应链金融的匹配性 ................................... 139

10.5 供应链金融前景展望 ........................................... 141

10.6 区块链为供应链管理筑起"信任"之墙 ............................ 144

10.7 区块链＋供应链金融应用案例 ................................... 146

## 第11章　区块链数字金融——区块链＋票据

11.1 票据的特点和内涵 ............................................. 150

11.2 票据属性与区块链技术的契合 ................................... 152

11.3 区块链赋能数字票据 ........................................... 154

11.4 链式票据的融合创新 ........................................... 157

11.5 区块链＋票据应用案例 ......................................... 159

## 第12章　区块链数字金融未来展望

12.1　国家将区块链技术上升为战略高度 .................................................. 163

12.2　区块链数字金融安全及隐私保护 ...................................................... 165

12.3　区块链跨链技术的价值 .................................................................... 168

12.4　构建区块链金融生态圈 .................................................................... 171

12.5　加强监管控制金融风险 .................................................................... 173

12.6　区块链远景：建立数字金融新经济 .................................................. 175

**后记** ............................................................................................................ 180

**参考文献** .................................................................................................... 181

# 第1章

## 区块链基础原理

## 1.1 区块链的技术演进

在区块链的世界里，决定区块链如何传递信息的可编程规则被称为智能合约，通常有自己的数字货币和专用开发语言。因此，智能合约要起作用，首先需要所有利益相关者认可数字货币的价值，并同意智能合约的每一项定义。同时，该数字货币还要跟每一项定义的程序化事实来源相结合，利益相关者需要实际使用这些数字货币来交换信息。

智能合约的核心是利用程序算法替代人执行合同。这些合约需要自动化的资产、过程、系统的组合与相互协调。合约包含三个基本要素：要约、承诺、价值交换，并有效定义了新的应用形式，使得区块链从最初的货币体系拓展到金融的其他应用领域，包括在股权众筹、证券交易等领域逐渐开始有应用落地。

区块链1.0时代象征着一种全新的金融货币体系的诞生；区块链2.0时代代表了信任基石的建立以及价值的传递；区块链3.0时代可以称得上是人们对未来虚拟数字货币经济的一种理想化愿景。在区块链3.0时代里，人们能真正实现资产上链，在一个大的底层框架内构筑各式各样的应用，打造一个无信任成本、具备超强交易能力、风险极低的平台，可用于实现全球范围内日趋自动化的物理资源和人力资产的分配，促进更多领域的大规模协作。

但是，现实的状况是，区块链3.0目前众说纷纭，还没有得到公认。区块链2.0存在着很多问题，比如TPS（每秒处理事务量）低，性能差，拥堵，不能大规模建设DAPP（去中心化应用）等。现在很多区块链底层基础公链在着手解决这一问题，提出了高性能的TPS加智能合约的解决方案。如果区块链性能得以解决，那么区块链可能会在社区各行各业中开始大规模应用，推动传统行业利用区块链技术提升工作效率,将会为推动社会发展做出巨大贡献,同时区块链行业也将迎来社会的更大关注,从而推动区块链行业的发展,这才是真正实现区块链3.0的时候。

## 1.2 区块链主要特性与核心价值

区块链是分布式数据存储、点对点传输、加密算法等多种计算机技术的集成创新。它的技术本质是分布式结构的数据存储、传输和证明的方法,用数据区块取代了目前互联网对中心服务器的依赖,使所有数据信息都被记录在一个分布式系统之上。

那么区块链有哪些主要特性呢?

第一,作为区块+链的独立账本形式,区块链的第一个特性是不可篡改。

交易的区块按照时间顺序持续加到链的尾部,要想改一个数据,必须修改所有的区块,这个基本没有篡改的可能。比如采用工作量证明的区块链网络,只有拥有51%的算力才可能重新生成新的区块链数据,这种实用设计增强了区块链上的数据可靠性。所以,篡改的可能性几乎为零。区块链账本中的交易数据可以被"修正",但这种修正会在区块链留下修改痕迹,其实也等于没有被篡改。2018年3月,京东集团发布的《京东区块链技术实践白皮书(2018)》中称,区块链技术(分布式账本)的三种应用场景是:跨主体协作、需要低成本信任、存在长周期交易链条。这三个应用场景所利用的都是区块链的不可篡改特性。多主体在一个不可篡改的账本上协作,降低了信任成本。区块链账本中存储的是状态,未被涉及的数据的状态不会发生变化,且越早的数据越难被篡改，这使得它适用于长周期交易。

第二，区块链的去中心化特性。

"去中心化"是相对于"中心化"概念而言的。中心化就像领导开会，领导这个"中心"在会议上进行指示和安排；在去中心化的系统网络里，每一个参与者代表一个节点，彼此之间平等又互不依赖，就像朋友聚会，畅所欲言，你可以选择不说话，也可以选择中途离场。在计算机技术领域，去中心化结构使用分布式核算和存储，不存在中心化的节点，任意节点的权利和义务都是均等的，系统中的数据块由整个系统中具有维护功能的节点来共同维护。

区块链技术去中心化不是不要中心，其实质是人人都是中心。在去中心化系统中，任何人都是一个节点，任何人也都可以成为一个中心。任何中心都不是永久的，而是阶段性的，任何中心对节点都不具有强制性。现在已经有越来越多的公司开始思考中心化带来的问题，去中心化或许就是答案。解决中心化的方法也并不一定将现有数据完全共享，完全去中心化，而是从现有的数据开始，原来的中心机构自发形成一个数据网络。

西拉杰·拉瓦尔在《去中心化应用：区块链技术概述》一书中，对中心化和去中心化进行了区分。他从两个维度看现有的互联网技术产品：一个维度是，在组织上是中心化的，还是去中心化的；另一个维度是，在逻辑上是中心化的，还是去中心化的。

区块链使用分布式核算和存储，不存在中心化的硬件或管理机构，任意节点的权利和义务都是均等的，系统中的数据块由整个系统中具有维护功能的节点来共同维护。

第三，区块链使数字价值产生了唯一性。

区块链1.0时代把唯一性带入了数字世界；区块链2.0时代把这种唯一性普及开来。2018年初，马化腾说："区块链确实是一项具有创新性的技术，用数字化表达唯一性，区块链可以模拟现实中的实物唯一性。"李彦宏说："区块链到来之后，可以真正使虚拟物品变得唯一，这样的互联网跟以前的互联网会是非常不一样的。"对于通证经济的探讨和展望正是基于，在数字世界中，在网络基础层次上，区块链提供了去中心化的价值表示和价值转移的方式。在区块链2.0时代，出现了更通用的价值代表物——通证，从区块链1.0的数字现金时期进入到数字资产时期。

第四，区块链系统具有开放性。

所谓开放性，是指区块链系统是开放的，除了对交易各方的私有信息进行加密，区块链数据对所有人公开，任何人都能通过公开的接口对区块链数据进行查询，并能开发相关应用，整个系统的信息高度透明。区块链不同于传统数据库的地方在于，区块链是分布式记账的，而且所有的历史记录都对外公开，所有人都可以查阅相关的记录并且进行验证，由此还催生了类似于数据浏览器、数据分析等相关的商机。这种开放性产生的价值最终能够实现生态的开放性。

开放的账目、开放的组织架构，都是最底层的基础，最终的目的是构建一个开放的生态。在这个生态当中，价值的传递越来越容易，成本越来越低，效率越来越高，正如当今信息化社会信息的传播，成本越来越低，效率越来越高一样。

第五，区块链建立在规范和协议基础上的自治性。

区块链上的自治让多参与方、多中心的系统按照公开的算法、规则形成的自动协商一致的机制基础来运行，以确保记录在区块链上的每一笔交易的准确性和真实性，让每个人能够对自己的数据做主。区块链采用协商一致的规范和协议（如公开透明的算法），使系统中的所有节点都能在去信任的环境中自由安全地交换数据，将对"人"的信任改成对机器的信任，任何人为的干预都无法发挥作用。区块链在设计之初，就是一个高度开放的、自治的产物，它依赖更多的人参与而存活，就像PoW（Proof-of-Work，工作量证明）机制的51%攻击机制，越多的人参与区块链中，区块链中的数据也就更加安全，单一节点算力所能达到的高度也就被参与者们稀释了，每个参与者都在用自己手中的力量来维护区块链的稳定和安全。

根据以上区块链的特性来看，当所有人在这个链条上记录的时候，每条输入的信息都会成为链上其他记录者的参照，以此来验证真伪。如此一来，其中某一方为了达到某种目的偷偷修改也是没有意义的。所有数据组合在一起，保证了区块链的可靠性——"从不会记错账"。由于特殊的数据结构，区块链"不可伪造""不能篡改""公开透明""可以追溯"。这些特征意味着信任，意味着人们不必怀疑区块链上信息的真实性。试想，区块链用于金融机构，当银行在做金额结算、信息录入的时候，区块链的存在使记录不能被篡改，并能溯源每笔资金流向，金融交易从此将更加安全可信；区块链让终身追责成为可能，公开透明的特性使监管机构可以更方便地监控系统交易数据，每个人都要为自己的言行负责，更有利于监管和社会治理。

所以，区块链是技术，是共识数据链，是信任机制，是未来辅助各行各业打造监管与运行的信息系统。区块链实际上是借助密码学共识算法、分布式存储等技术，建立数据共享、透明、不可篡改的"信任机制"，这就是区块链未来的价值。

## 1.3 密码学、共识算法、分布式账本、智能合约

区块链技术最初是数字货币的一种底层技术，融合了密码学、共识算法、智能合约等多种技术。要理解区块链的工作原理，需明确几个概念，分别是密码学、共识算法、分布式账本和智能合约。

**（1）密码学**

密码学分为两部分：第一部分是编码学，应用于编制密码以保证通讯的私密性；第二部分是破译学，应用于破译密码以获取通信的内容。两部分合在一起总称为密码学。区块链上的区块是由两个哈希值和一个存储空间组成，每个区块只和它的前一个区块相关联，是通过哈希值关联起来的。目前可把哈希值理解为身份证号，一个是自己的，一个是跟自己关联的前一个区块的。哈希值是通过密码学中的哈希算法得到的，这就是我们重点要关注的。

在现代密码学中，需要面临信息传输中出现的机密性、完整性、可认证性和不可抵赖性等问题，因此诞生了大量相关的安全算法，被运用到了不同的场景之中，这些密码学的知识浩瀚丰富，论证过程精彩复杂。在区块链技术中，同样用到了大量的密码学知识来保障系统的相关特性，相关的算法主要包括哈希算法、对称加密算法、非对称加密算法、签名机制等。

非对称加密算法是相对于对称加密算法来说的。对称加密算法，在加密和解密时使用的是同一个秘钥；而非对称加密算法，需要两个密钥来进行加密和解密，这两个秘钥是公钥和私钥。公钥与私钥是一对，用公钥对数据进行加密，只有用对应的私钥才能解密；用私钥对数据进行加密，只有用对应的公钥才能解密。加密和解密使用的是两个完全不同的密钥，这种算法就叫非对称加密算法。

### （2）共识算法

在区块链的应用过程中，共识算法需要解决两个问题：双花问题和拜占庭将军问题。双花问题是指货币在使用过程中重复使用的问题。传统的货币具有实体唯一性，可以通过防伪手段防止双花问题。当前的电子交易也能通过中心的信任机构来解决双花问题。区块链则是通过分布式的节点共同验证交易来解决双花问题。区块链中，一笔交易需要经过足够数量共识节点的验证，在确认无误时对交易进行记录并同步给网络中所有的共识节点。区块链中进行"双花"攻击需要付出足够的代价，通过选择共识算法，可以将这一代价扩展到足够大或者使得这一代价超过双花攻击获得的收益。

目前大家熟知的共识机制有PoW、PoS、DPoS、拜占庭共识等。

PoW即工作量证明，其共识简单来说就是：要想得到就得付出代价，付出代价的方式是解题，谁先解出来，奖励就归谁，一旦计算出来，要马上告诉大家，大家会帮你验证，大家都承认后你就可以拿到这个奖励，然后基于这道题目继续算下一个题目，如此反复。它有效解决了拜占庭将军问题，即在互相不信任的情况下，只要好人的数量大于坏人，就能保证系统正确运转，这也就是说，区块链具备去信任的能力。它的弊端在于，会造成巨大的能源浪费，同时由于利益的驱使，部分人想尽一切办法来增加自己的算力，从而形成相应的中心，这显然有悖于当初去中心化的构想。

PoS（Proof-of-Stake）即权益证明，在PoS机制下，一个账户的余额越多，持币时间越长，在同等算力下就越容易发现下一个区块，而不像PoW机制那样单纯拼算力。这有点复利的感觉，而且它能有效避免资源浪费，所以更能调动参与者的积极性。

DPoS与PoS原理相同，只是会选一些代表，由代理人进行验证和记账。表面看这似乎又重新把权力交给了那些持有数字货币较多的人,实际上,真正的决定权掌握在那些握有BTS选票的人手上。他们可以随时通过投票更换这些代表,试图用权益作恶者会立刻被愤怒的选民们踢出整个系统,而后备代表可以随时顶上。从某种角度来说,它有点像美国的议会制度,只不过不是四年一次选举,而是时刻都在选举中。

拜占庭共识即授权拜占庭容错算法,它源于古代的拜占庭将军问题。在古代,一些拜占庭的将军率领部队攻占敌人的城池时,每个将军只能控制自己的部队,并通过信使传递消息给其他将军。如果这些将军中有人是来自敌方的奸细,那么如何使忠诚的将军仍然可以达成行动协议而不受奸细的挑拨,便是拜占庭将军问题。分布式系统的每一个节点可以类比成将军,服务器之间的消息传递可以类比成信使,服务器可能会发生错误而产生错误的信息传达给其他服务器。在以前,这是无解的,授权拜占庭容错算法则是技术进步带来的解决方案。授权,意味着它拥有专业化的记账人;容错,是说它可以容忍任何类型的错误。此外,为提高算法的可靠性,需要有严格的数学证明。它的核心优势是可以确保系统的最终性,从而使得区块链能够适用于真正的金融应用场景。

**(3)分布式账本**

从字面意思理解,区块链就是一个有着不同节点的记账本。参与区块链的每一个节点没有地域和国界的限制,是全球性的。在我们的生活中,账本是集中管理的,每个人的账本都在银行里,当然你也可以每天记录自己银行卡的流水,但最终还是以银行的记录为准。我们每一个人的账本都由银行保存,这就是中心化记账或者说中心化账本。但在区块链上,每个人都有一本账本,记录着每个人的每一笔交易,而且这些账本上的内容是完全一致的,前提是通过共识机制协调,这就是多方参与的账本。

分布式账本是一种在网络成员之间共享、复制和同步的数据库。分布式账本记录网络参与者之间的交易，这种共享的账本降低了因调解不同账本所产生的时间和信用成本。网络中的参与者根据共识原则来制约和协商账本中记录的更新，没有中间的第三方机构参与。分布式账本中的每条记录都有一个时间戳和唯一的密码签名，这样的账本成为了网络中所有交易的可审计的历史记录。

分布式账本技术可以有效改善当前基础设施中出现的效率极低、成本高昂的问题，而导致当前市场基础设施成本高的原因可以分为三个：交易费用、维护资本的费用和投保风险费用。在某些情况下，特别是在有高水平的监管和成熟市场基础设施的地方，分布式账本技术更有可能形成一个新的构架，而不是完全代替当前的机构。

（4）智能合约

所谓智能合约，就是一个预先编辑好的"数字语言记录的条款"，一旦被触发，智能合约就执行相应的条款或记录条款是否被执行。简单来说，智能合约是将具体条款以计算机语言而非法律语言记录的智能化合同。智能合约属于区块链技术的进化，但其概念要早于区块链，可以说区块链技术为智能合约提供了一种可能。

举例说明，你好心借了一笔钱给某人，还款日期临近，此人却不打算还了，这时理性的办法就是跟他打官司，但你必须有相应的合约，不然你没法证明你曾经借过钱给他，他完全可以抵赖到底。智能合约的本质，则是用一串计算机可读取的代码代替法官，当某个预先编制好的条件被触发时，智能合约会自动执行相应的合同条款，无法反悔，绝不拖延。

智能合约在现实生活中已有普遍应用。最好的例子就是售货机，只要我们放相应金额的钞票或硬币进去，系统就会触发让我们选择商品的选项，选择完以后，售货机中的商品就会掉下来。另一个例子是股票交易所，只要设定好触发机制，价格涨跌到某个价位就会自动成交。但是，它们显然还只是智能合约应用的初级阶段，因为它的智能存在巨大局限性，无论是参与的人，还是参与的物。

智能合约是运行在计算机里面的、用于保证参与方执行承诺的代码。一般情况下，普通合约上记录了甲方与乙方各方面的关系条款，并通常是通过法律强制执行或保护的，而智能合约则是用密码或密钥来执行关系。从更加直接的角度来理解，智能合约的程序内容将按照一开始大家一起设定好的规则百分百执行，并且零差错。

那么，智能合约能做什么呢？

① "多签名"账户功能，只有在一定比例的人同意时才能使用资金。这个功能经常用在与众筹或募捐类似的活动中。

② 管理用户之间签订的协议。例如，一方从另一方购买保险服务。

③ 为其他合同提供实用程序。

④ 存储有关应用程序的信息，如"域注册信息"或"会员信息记录"。

智能合约的出现使得基于区块链的两个人不只可以进行简单的价值转移，还可以设定复杂的规则，由智能合约自动、自治地执行，这极大地扩展了区块链的应用可能性。利用智能合约，我们可以进行复杂的数字资产交易。

## 1.4 区块链技术逻辑与运行原理

区块链技术逻辑由底层到应用层，共分为六层，分别是数据层、网络层、共识层、激励层、合约层、应用层,每一层都有不同的作用,它们相互独立但又不可分割。

**(1)数据层**

数据层又被称为最底层,包括数据区块、链式结构、哈希函数、默克尔树、非对称加密技术和时间戳。数据层对区块链起到确保数据安全的作用。数据层是最底层的技术,主要实现两个功能:数据存储、账户和交易的实现与安全。数据存储主要基于默克尔树,通过区块的方式和链式结构实现,大多以KV数据库的方式实现持久化。账户和交易的实现与安全这个功能基于数字签名、哈希函数和非对称加密技术等多种密码学算法和技术,保证了交易在去中心化的情况下能够安全地进行。

**(2)网络层**

网络层用于节点之间的信息交流和传递,参与区块数据的校验和记账过程。用这句话很好理解:A给B转账十元钱,通过网络层的点对点传播到其他节点上,节点再验证交易的真实性,从而存储交易信息。网络层包括P2P(个人对个人)网络、安全传输、访问控制。在区块链的网络中,每一个节点都可以创造出新的区块,新区块被创造出以后,会通过广播的形式通知其他的节点,而其他节点反过来会对这个节点进行验证。当区块链网络中超过51%的用户对其验证通过以后,这个新的区块就会被添加到主链上。

**(3)共识层**

共识层能够让高度分散的节点在去中心化的系统中针对区块数据的有效性达成共识。区块链中比较常用的共识机制包括工作量证明、权益证明和股份授权证明等。当交易、区块等数据成功通过网络层到达全网所有节点后,分布式节点通过共识机制对本地组建的区块链一致性达成共识。区块链技术的核心优势之一，就是能够在决策权高度分散的去中心化系统中，使得各节点高效地针对区块数据的有效性达成共识。区块链作为分布式的网络系统在全球范围内运行，没有任何单一的中心化机构。然而，这种分散是有代价的：当网络中没有人"负责"时，我们如何确保网络参与者同意"真相"？这项重要的任务便由共识机制执行，它就像是区块链网络中的裁判，只不过非人工方式，而是通过算法及协议进行裁决。在区块链动态变化的网络中，这些公开共享的账簿需要一个高效、公平、实时、有效、可靠和安全的机制，以确保网络上发生的所有交易都是真实的，所有参与者都对账簿的状态达成一致。它激励参与者产生并记录真相，包括但不限于在一个分布式网络中，哪些资金属于哪些地址，并允许其他人验证真相。当这种对真相的认同得到证实时，共识就会在没有中央权威的情况下产生。

（4）激励层

激励层起到的根本作用就是激励。当个人寻求减少不确定性时，激励机制可以驱动人类行为，最终产生符合社会预期的效果。在区块链网络中，如果说密码学是保障P2P系统通信安全的基础，那么激励机制就是通过经济平衡的手段，鼓励节点参与到维护区块链系统安全运行中来，防止对总账本进行篡改，是维持区块链网络长期运行的动力。目前激励层在公有链的应用中使用较为广泛，在联盟链和私有链的应用中较少使用。在公有链中，激励层引入的激励机制是通过经济平衡的手段，鼓励节点参与到维护区块链系统安全的运行中来，防止对总账本进行篡改。而在私有链中，则不一定需要进行激励，因为参与记账的节点往往是在链外完成了博弈，通过强制力或自愿来要求参与记账。

（5）合约层

合约层建立在激励层之上，如果说数据层、网络层和共识层这三层，分别承担了区块链底层数据表示、数据传播和数据验证功能的话，合约层则用于封装各类脚本代码、算法以及更为复杂的智能合约，是区块链系统实现灵活编程和操作数据的基础。脚本代码与智能合约是部署在分布式区块链节点上的一段程序，其执行过程中需要读取区块链中的数据并将执行结果写入区块链中，是区块链可编程特性的基础。其中，脚本代码与智能合约分别是区块链1.0时代与2.0时代的链上代码。合约层作为介质可以将代码嵌入区块链或者令牌中，凭此可以实现自定义的智能合约，并且在达到某些条件的情况下，无需经由第三方就能够自动执行，它是区块链实现机器信任的基础。

### （6）应用层

应用层则封装了区块链中面向各种应用场景的应用程序。应用层建立在合约层的基础上，采用服务端技术、前端技术等对智能合约实行封装，为用户提供各种分散化的应用服务。区块链应用层通过开发去中心化应用（DApps），调用协议层及智能合约层的接口，以适配区块链的各类应用场景，为用户提供各种服务和应用，来丰富整个区块链生态。

## 1.5 区块链公有链、私有链、联盟链

在区块链领域，我们经常会听到一些与链有关的名词：公有链、私有链、联盟链、跨链、侧链，这些区块链有着各自的特点和不同的场景应用。

### （1）公有链

从字面意思就能看出，公有链是一种公共的链，也就是任何人都可以对区块链数据进行维护和读取，属于完全不受任何机构控制的去中心化状态，如

EOS（Enterprise Operation System，区块链操作系统）、唯链以及Neo等都是公有链项目。不经过授权和许可就可以参与的区块链就是公有链。与之相对的则是必须通过许可才能参与的区块链就是许可链，包括私有链和联盟链。

公有链"完全去中心化"的特点决定了它具有访问门槛低、所有数据透明公开、保护用户免受开发者的影响等优点，但同时也造成了低吞吐量以及交易速度缓慢等不足，造成网络经常处于拥堵状态。

**（2）私有链**

从字面上理解，私有链就是私人占有的区块链，它是指写入权限完全掌握在一个人/组织手里，所有参与到这个区块链中的节点都会被严格限制的区块链。在某些情况下，私有链上的一些规则可以被修改，比如还原交易流程等服务。私有链就像某个人建立了一个群，作为群主，这个人有拉人、踢人、禁言等权限，而群里其他的成员则没有这些权限，并且还得服从群规。私有链，仅限于企业、国家机构或者单独个体使用，不能够完全解决信任问题，但是可以改善可审计性。私有链常用于企业内部的数据库管理、审计等，政府的预算和执行，或者政府的行业统计数据等。它们彼此之间需要透明，但没必要对外部公众透明。私有链的价值主要是提供安全、可追溯、不可篡改、自动执行的运算平台，可以同时防范来自内部和外部对数据安全的攻击，这个功能传统的系统是很难做到的。

由于私有链参与节点是有限和可控的，与公有链相比，它达成共识的时间相对较短，因此它具备交易速度更快、隐私保护性更好、交易成本更低、更难被恶意攻击等特点。但它的权限被少数节点控制，不能从根本上解决作弊问题，背离了去中心化的初衷。

### （3）联盟链

联盟链则是介于公有链和私有链之间，既不像公有链完全"去中心化"，也不像私有链完全属于私人占有，是"部分去中心化"。参与者通过申请加入网络并组成利益联盟，共同维护区块链运行。举个例子，假设在上海几所大学之间建立一个联盟，进行学生之间的课程共享，那么这些课程只能让联盟内大学的学生看到，其他大学的学生是看不到的，如果想看则要提交申请或者付费等才可以。联盟链仅限于联盟成员参与，联盟规模可以大到国与国之间，也可以是不同的机构企业之间。联盟链介于公有链和私有链之间，所以其优劣也是介于两者之间。节点少，交易处理速度快，但也由于节点少，容易出现权力集中和安全问题。

浙江大学区块链研究中心主任、中国工程院院士陈纯教授在接受媒体采访时表示，联盟链更适用于赋能经济建设，因为它的监管相对可控。陈纯称，公有链本身具有去中心化、不可篡改、不可删除、低成本等特点，如果被用来传播有害信息，会给区块链技术的产业布局和发展带来不利影响，也给监管部门带来很大挑战，但我们也应该支持公有链技术的发展，参与国际竞争。介于低信任的公有链和单一高信任的私有链之间的联盟链，是较为合适的选择，因为联盟链仅允许授权的节点加入网络，在保持一定开放的同时，其实名制和可追溯特点改善了系统信任问题。陈纯指出，目前区块链监管技术发展有四大趋势：第一是区块链节点的追踪和可视化，第二是联盟链的穿透式监管技术，第三是公有链的主动发现与探测技术，第四是以链治链的体系结构及标准。

所以，公有链、私有链和联盟链三者各有优点也各有缺点，我们应该根据具体的落地应用去选择不同的区块链类型。

# 第2章

## 何为数字金融

## 2.1 数字金融的概念

数字金融是指通过互联网及信息技术手段与传统金融服务业态相结合的新一代金融服务。理解数字金融，我们要先从金融讲起。人们日常生活中接触到的货币、银行、股市，都是金融运作的重要部分。如果给数字金融进行分类，一般包括互联网支付、移动支付、网上银行、金融服务外包及网上贷款、网上保险、网上基金等金融服务。数字金融的主要特征:对数据、数字的分析与审核。数字金融听起来比较高大上，实际上我们所熟悉的微信钱包、支付宝二维码支付一类的移动支付业务，借呗、花呗、微粒贷等网贷业务，包括银行提供的网上银行业务，以及我们购买的互联网理财、余额宝、保险产品等，都属于数字金融。

数字金融的具体业务分为五大类：一是基础设施，包括智能合约、大数据、云计算、数字身份识别；二是支付清算，包括移动支付、数字货币；三是融资筹资，包括众筹、网络贷款；四是投资管理，如余额宝、智能投顾；五是保险，指数字化的保险产品。

数字金融是通过互联网及信息技术手段与传统金融服务业态相结合的新一代金融服务，本质上是一场关于金融信息的传输、接收、分析、处理技术的革命。它借助数据技术优势，从掌握商品流、资金流、信息流数据，延伸至支付、融资、投资等金融核心业务领域，用数字系统改造金融业。运用数字金融，可以将许多复杂多变的金融信息转变为可以度量的数字、数据，再以这些数字、数据建立起相对应的数字化模型，转变为二进制代码，以此应对不断增长且超过原先预期的数据用户、查询和需求，可以使银行工作更加敏捷，在瞬息万变的市场业务中拥有更强的竞争力。

以我国为例，2000年前，我国还是重度依赖现金的社会。2010年，我国有61%的零售消费主要通过现金交易的方式进行，目前这一比例已经下降至40%以下。与此同时，我国在电子商务交易、第三方支付、网络借贷等领域都有着巨大的发展。据统计，我国2020年电子商务交易额达37.21万亿元，同比增长4.5%；实现网上零售额11.76万亿元，同比增长10.9%；网购用户规模达7.81亿；第三方支付综合支付交易规模达到271万亿元，其中移动支付和互联网支付规模占比超过80%；网络借贷行业市场规模约为2.2万亿元，总体贷款余额达到172.75万亿元。

数字金融在我国的快速发展离不开两个方面的原因，一是我国金融业近40年来取得很大的成就。比如在英国《银行家》杂志公布的2021年度世界银行1000强榜单中，我国有144家银行入榜。按一级资本排名的前十大银行中，我国和美国的银行各占四席；二是与我国互联网经济的迅速发展有关系，截至2021年6月，我国网民规模为10.11亿，互联网普及率达71.6%，我国手机网民规模达10.07亿，网民中使用手机上网人群的占比达到99.6%，此外，我国4G、5G网络的建设力度非常大、非常广。

数字金融相对于我们熟悉的传统金融而言，还是有一定的区别。简单地说，就是在传统金融模式上做加法，加上互联网就是互联网金融，这是狭义上的数字金融，再加上新兴数字技术，比如人工智能、区块链等，就是广义上的数字金融，比如此前中国人民银行在苏州、深圳等四个地区试验的央行数字货币，就是一种新的数字金融。

未来有区块链参与的数字金融会有更广阔的前景和更值得期待的价值。

## 2.2　区块链对数字金融的颠覆与赋能

在区块链的创新和应用探索中，金融是最主要的领域，现阶段主要的区块链应用探索和实践，也都是围绕金融领域展开的。在金融领域中，区块链技术在数字货币、银行支付清算、智能合约、金融交易、物联网金融等多个方面存在广阔的应用前景。

金融领域对数字化有依赖又对安全化有硬性的要求。金融领域是所有经济系统的依赖，如银行系统和证券系统。未来将区块链作为底层金融基础设施，提供不可篡改、公开透明的金融服务应用不失为一个可行的方案。从金融视角来说，区块链和数字货币，其实就是新一代的数字金融体系。

区块链是一种按照时间顺序将数据区块以顺序相连的方式组合成的一种链式结构，是去中心化的分布式数据库账本技术，具有去中心化、开放性、自治性、信息不可篡改性以及匿名性等特点。对于金融机构来说，区块链可以在存证和数据资产领域发挥出重要的作用。同时，区块链具备的可追溯性与银行存证类业务具有天然的适配性。另外，区块链能够在数据资产类应用中发挥出巨大的作用，提升金融服务效率。比如，中国农业银行基于区块链的电商融资，将区块链与企业相链接，使得贷款支付更加便捷。

金融领域之前一直以互联网为主，如线上支付、线上筹资以及线上理财等。随着互联网金融迅猛发展，其信用风险、信息安全、法律风险等也逐渐凸显。而区块链技术对相应风险具有防范、控制和降低三重效果。

第一，引入区块链技术后，交易确认即完成清算和结算，由此可大大降低交易对手风险。

第二，区块链将交易过程数字化，并进行完整记录，从而能够有效控制欺诈、手工输入错误等操作风险。

第三，区块链的分布式网络和共识机制，能够减少金融企业受黑客攻击等系统风险。

第四，区块链可以客观公正地记录用户的征信，将其划分为优质类客户、风险类客户与中间类客户。对优质类客户，互联网金融企业可全力为其提供金融服务，保证收益。对风险类客户，互联网金融企业应将其拒之门外，减少损失。而区分中间类客户属于优质类还是属于风险类，则是区块链的主要任务。区块链技术可在全方位搜集中间类客户的网上日常活动资料后，对其网上消费习惯、网页浏览习惯、借贷次数等进行筛选与分析，得出可供参考的有效数据并对其进行评分，从而极大地预防和减少互联网金融企业风险的发生，进而有效减少企业的经济损失。

第五，区块链分布式系统透明、公开、不可篡改，既可降低结算与支付的出错率，又可实时监控每一笔资金的流入流出情况，有利于金融监管，降低金融风险。

基于这些特点，区块链技术不仅可对金融领域产生颠覆性的改革，还能帮助金融业务更便捷、更安全的发展。华尔街很多著名投资人都表示，区块链技术早已引起各大银行的重视。仅仅是替代传统对账，区块链已经节约了大量的基础建设设备、人力和时间，在降低金融机构成本的同时，最终惠及用户。

区块链技术有助于确保数据的真实有效。区块链技术是非对称加密技术、P2P网络、时间戳、共识算法等技术的结合，在真实性方面，时间戳可以追溯数据源头，非对称加密技术可以保证数据不被篡改，从而确保数据真实有效。

数据的真实准确降低了信用风险。信用是金融体系的重要一环，因为信用缺失而阻碍现代金融体系发展的例子数不胜数，无论是财务造假，还是P2P暴雷，无不给人们敲响警钟。区块链从底层技术上保证了数据资产有效的价值交换，区块链体系中，通过变"自证"为"他证"的方式重构了信用范式，强化信任关系，减少信息不对称，有助于投资者和金融机构识别风险，有助于监管者实现穿透式监管，防范类似P2P暴雷的事件发生。区块链技术的逐步应用，将有助于实现数字金融弥补金融短板、提高金融效能、控制金融风险等目标。

未来将是数字经济的时代，区块链带来了新的数字经济革命。区块链以P2P技术、密码学和共识算法等技术为基础，具有数据不可篡改、系统集体维护、信息公开透明、分布式记账、智能合约等特性。这些特性使得区块链技术创造了人与人之间新的信任基础。而这些特征如果再与构成未来新数字经济的其他技术实现组合或融合，那么区块链未来将会取得更大的发展和更广泛的应用。

## 2.3　数字金融：全方位变革人、信息、场景

数字金融的出现对传统金融的影响是多方面的，对金融参与的对象，如人、信息和场景，进行了全方位的变革，实现全面数字化，并以数字化服务方式输出。

### （1）对人的变革

此处所讲的人，就是金融领域的使用者和客户，他们越来越个性化。一个世纪前，美国福特汽车公司创始人亨利·福特说："不管消费者需要什么，我生产的汽车都是黑色的。"2019年，欧莱雅中国总裁说："22年前进入中国时，美妆行业是千人一面，现在是一人千面。"这是当下客户的变化，汽车与

美妆行业如此，金融行业亦如此。

金融行业最大的不确定性是客户的变化。年轻一代的崛起；老龄化时代的来临；家庭财富管理的渴求；个人金融需要在衣食住行中更加有效感知、更加实时智能。公司金融，特别是挖掘中小微客户的数字化蓝海，不仅是流程产品的数字化，更要步入工业互联网和产业生态圈。

所以对于传统商业银行，当下的数字化转型是在变中求变。用户方面，数字科技在采集、分析数据方面显现了极大的便利性。一方面，在科技的助力下，金融服务所能触达的长尾客户既包含了金融服务不足的人群，也包含了融资难的小微企业，真正实现了金融服务的全方位下沉；另一方面，对存量用户进行分层和精细化管理。

数字科技通过有效运用人脸识别技术、图像融合技术，用户能够刷脸登录账户；通过多屏互动技术、激光雷达、全息投影、客户洞察和情绪分析等相关技术的植入，实现金融机构的线下网点智慧升级，从而实现客流分析和预测、客户情绪分析，提高服务效率；通过配置客户360°信息视图、营销机会管理等功能，对用户相貌、身材、穿戴等进行多层次识别，判断用户的年纪、爱好、审美，甚至情绪，有利于银行进一步智能推荐。

数字科技公司打造出量化营销平台，通过自身的数字化科技优势，可以从两方面解决问题：一是将存量客群分层，精准营销和管理，降低欺诈和信用风险，并实现利润最大化；二是帮助金融机构用较低的成本和较高的效率接触全新客群，覆盖以往接触不到或服务成本过高的客户群。

（2）对信息的变革

网络大数据时代，客户的浏览习惯、出行习惯、购物习惯、社交习惯等信息全部都可以通过数据来收集，借助大数据神经网络分析，可精确了解每一个客户。根据客户的金融消费习惯、个人信用状况等信息进行高精度客户画像。这种多维度的、依赖于互联网信息的分析，具有成本低、精度高、实时、持续等优势。基于大数据的客户画像，既可用于个人理财等金融服务的营销，又可用于个人授信的风险评估，金融服务进入人工智能阶段。同时，将客户置于社交、购物等各类场景中，既有利于判断客户行为的真实性，又容易实现过程跟踪。这对于一直困扰商业银行的"普惠金融"授信成本高、风险高等问题的解决有重大意义。未来区块链技术参与的数字金融，会有更进一步对信息的变革，基于区块链的各种金融创新探索也在紧锣密鼓地进行中。一旦去中心化、无需反复验证的区块链技术在金融应用方面获得更多突破，将会在金融领域掀起一场大变革。

**（3）对场景的变革**

通过数字科技可以将传统金融服务由之前的线下场景全方位融入线上场景，并对线下场景进行升级和智能优化。传统银行线下运营受到强烈冲击，急切寻求线下业务的创新与改变。在发展线上场景的同时，传统金融机构也在寻求线下场景智能化、服务精准化的转型。借助数字技术，可对传统金融的线下网点进行智慧升级。无论哪个行业，技术的改进和提升一定是为大众服务的。场景的变革会使金融服务更便捷，更具个性化。当用户的使用体验更好，那么参与度就会更高，反过来就会促进金融业的发展和提升。以银行为例，与数字科技企业的合作，有助于传统银行打破场景的限制，将数字化服务输出至更丰富的场景，或将场景数字化引入原有的服务，打造O2O（Online to Offline，线上到线下）全方位服务体系。

所以，金融运用数字科技会实现人、物、场景、信息流的全面数字化，这是数字科技进步的核心。未来将数字资产化，相继开发出数字化的消费金融、供应链金融等金融产品，也使服务覆盖至被传统金融忽视的小微企业、年轻人群体。此后，数字科技金融服务又不断演进，服务的对象逐渐由C端转移至B端，开始输出自身的数字化能力，为金融机构提供数字化的企业服务，一是助力金融机构将数字资产化；二是助力金融机构将资产数字化，从资产端和资金端，降低成本，提高效率，增加收入。

## 2.4　区块链数字金融的发展与未来趋势

诺贝尔经济学奖得主罗伯特·希勒指出："金融的本质是通过资金的流动来完成资源的整合和配置，从而提高整个社会的福利和效率。"金融的本质在于通过跨时间、跨空间的价值交换实现融资。其中，货币是传统金融运作的重要载体，信用是传统金融交易的基础。数字货币是未来数字金融的核心，其背后的信用体系无疑将是数字金融的基石。区块链作为一个打造信任的去中心化账本，对金融体系起到信用价值的作用，也是其运用数字科技进行交易最安全的基础保障。

如果说数字货币是数字金融的血液，那么基于区块链技术的支付系统就是数字金融的血管，支付系统的完善可以保证金融系统的高效运行。传统的支付系统依靠中心化方案实现价值转移，依靠清算中心实现银行间的数据交互，中介机构多，环节复杂，结算成本高，效率低，操作风险和道德风险高。借助区块链技术公开透明的特性可以减少这种重复对账行为，降低信用风险。

数字金融的最终目标是实现普惠金融，因此区块链技术的应用不能局限于抽象的数字货币，其最终发展方向应该是从虚拟到现实，实现实体经济。

"区块链+"产业正在不断推进，区块链应用场景的范围也在不断拓展，其中，在金融领域的应用已经显示出其为行业赋能的巨大潜力。国内和国际化标准组织对区块链技术标准化的布局工作已有初步框架。在未来的一段时间，区块链技术的标准化工作必将进入关键时期。

区块链数字金融发展与未来的趋势具体表现在哪些方面呢？

第一，解决业务痛点。区块链技术能够减少金融业务的繁琐环节，降低风险的同时提升效率。比如区块链技术改造的跨境支付和结算业务可以节约成本，减少手续费，降低人工干预，不受时差限制，可以实现自动化处理。区块链上的信息是透明的，不需要第三方介入和人工审核，数字化智能合约也能代替纸质合同的传递，从而减少等待时间。每一笔交易完成后都可以实时同步更新，无需额外清算和反复确认，减少了人为失误。

第二，打破原有金融模式和商业格局。传统的金融和商业信任离不开法律，交易的达成要依靠信用中介，区块链对这种格局产生的变革就是区块链网络中任意节点都可以脱离中介机构直接交易。股票和债券可以在区块链上直接以拍卖的形式发行，投行的承销模式或被替代；区块链中的数字货币与实际资产的对接对存托业务有新的增长需求；差异化发展的交易所可以弥补区块链在高频交易方面的短板；商业银行利用区块链技术可以提升贷款审批和支付结算的效率。

第三，区块链触及金融行业的底层根基。一方面，区块链技术提高了自动化水平，通过把繁琐的合约条款编写成自动化程序语言，股权交易可以在满足预设条件时自动执行。另一方面，区块链技术降低了交易风险，其信息共享和节点处处备份的特点既能满足内部审计需求，也能分担外部监管职责，有效避免双重支付等金融现象。

第四，区块链扩大金融服务覆盖范围。区块链技术挖掘了新兴市场的潜力，通过在次发达地区的信息共享，避免了垄断的形成。此外，区块链技术适合应用于精准扶贫，通过对交易数据的全程监控，参与方高度透明，社会资源充分可控。由于区块链中的资金流向难以篡改，相关部门便于高效管理定向扶贫资金，避免滋生腐败，解决诚信问题。

## 2.5 区块链与人工智能、大数据、云计算

在数字金融方面，人们会把区块链、人工智能、大数据、云计算并称为金融科技ABCD，可见它们之间有着非常密切的联系。

云计算技术能够为金融机构提供统一平台，有效整合金融结构的多个信息系统，消除信息孤岛，在充分考虑信息安全、监管合规、数据隔离和中立性等要求的情况下，为机构处理突发业务需求、部署业务快速上线、实现业务创新改革提供有力支持。

大数据在金融领域的创新影响力巨大，金融创新很大一部分原因在于大数据与金融之间的结合。数据维度越丰富，对用户粗颗粒的画像就会越了解。在金融领域，企业对大数据掌握越全面，所能涉及的业务也会越丰富。大数据技术为金融业带来大量种类和格式丰富、领域不同的数据，基于大数据的分析能够从中提取有价值的信息，为精确评估、预测以及产品和模式创新、提高经营效率提供了新手段。

人工智能能够替代人类重复性工作，提升工作效率与用户体验，并拓展销售与服务能力，广泛运用于客服、智能投顾等方面。区块链技术能够有效节约

金融机构间清算成本，提升交易处理效率，增强数据安全性。在金融领域，人工智能正逐渐深入到大数据征信、贷款、风控、保险、资产配置、财经信息分析等领域。

近年来，以人工智能、云计算、区块链等为代表的科技开始广泛地运用到金融服务各个领域中，促进了智能风控、智能客服等各个领域科技应用的升级发展。

在人工智能、云计算、大数据、区块链等技术的推动下，科技触碰到金融真正的核心。而这几种技术之间存在相互依赖、相互促进的关系。例如，大数据和云计算技术相伴相生，对金融大数据至关重要的是金融云。有分析者打比方说，大数据是矿藏，而金融云是矿井。矿井的安全性、可靠性决定了挖煤的效率和结果。大数据将逐步摆脱存储硬件的限制，对金融云安全体系提出了更高的挑战。又如，人工智能与大数据是同生同长的有机整体。人工智能帮助人自动地感知、认知、分析和预测世界，它在数据的基础上诞生，人工智能的三种主要技术都需专有的、海量的、精准的、高质量的训练数据；反过来，人工智能又能促进数据的发展，提高数据的收集速度和质量，从而推动大数据产业的发展。

人工智能的发展也离不开区块链技术的推动。区块链驱动的人工智能生态系统，打破了全球数据垄断性壁垒，能够让数据资源方、应用开发方、运行平台资源方和用户在这个区块链上自由发布和使用各自的资源和应用，以更低的技术门槛和成本将人工智能应用生态建设到区块链平台之上，有效降低人工智能学习边际成本。

随着人工智能、区块链、大数据、云计算为代表的新兴技术的发展，金融行业历经电子化、移动化的发展过程，将进入金融与科技结合的新阶段——智能金融。这不再是对金融行业的局部提升，而将会是对金融服务的重新想象和重新构造。

## 2.6 国际和国内区块链金融应用现状

区块链正在被各国认可，并在多领域积极探索该技术的推广和应用，各个国家都在积极布局区块链技术。如英国、美国、韩国、澳大利亚出台相关政策来支持区块链技术的发展；迪拜建立全球区块链委员会，并成立含Cisco、区块链初创公司、迪拜政府等30多名成员的区块链联盟。我国超前布局前沿阵地，积极探索基于区块链的行业应用。2016年，区块链技术首次被列入国务院印发的《"十三五"国家信息化规划》。目前，区块链技术正在衍生为新业态，成为发展的新动力，推动着新一轮的商业模式变革，成为打造诚信社会体系的重要支撑；与此同时，各地政府积极从产业高度定位区块链技术，政策体系和监管框架逐渐发展完善。

由于国家的重视，我国很多知名企业已经享受到了区块链技术带来的好处，比如阿里巴巴、腾讯和百度都在尝试落地和实施区块链技术。例如百度超级链平台、蚂蚁区块链BaaS平台、腾讯云TBaaS区块链服务平台等；中国平安、万向控股、恒生电子等多家A股上市公司在金融、能源、物流、交通、贸易、版权等区块链应用领域也有广泛布局。央企亦在应用区块链技术，比如，国家电网全资子公司国网区块链科技（北京）有限公司的成立，将与其泛在电力物联网建设高度契合，推动上下游产业互信，实现数据高效共享，提升风险防范能力。

**（1）亚洲国家区块链应用现状**

·日本。积极支持。2017年4月，日本实施了《支付服务修正法案》，正式承认虚拟货币是一种合法的支付方式。

·韩国。严厉监管。2016年2月，韩国央行提出鼓励探索区块链技术。2017年7月，韩国《比特币监管法案》面世，设置了5亿韩元的投资者准入门槛。2017年9月，韩国金融服务委员会FSC宣布对数字货币进行监管。韩国加大监管力度，对洗钱、非法融资和其他数字货币非法交易进行调查。

·新加坡。政策很开放，对区块链证券金融创新监管政策的开放程度远超亚洲其他国家。2016年，新加坡金融管理局推出了"沙盒（Sandbox）"机制，即任何在沙盒中注册的金融科技公司，允许在事先报备的情况下，从事和目前法律法规有冲突的业务，即使以后官方终止相关业务，也不会追究其相关的法律责任。新加坡政府在可控范围内鼓励企业进行各种区块链的金融创新。

**（2）欧洲国家区块链应用现状**

·英国。2016年1月19日，英国政府率先发布了长达88页的《分布式账本技术：超越区块链》白皮书，同时评估区块链技术的潜力，用于减少金融欺诈、降低成本的领域。

·荷兰。荷兰央行认为，区块链技术可以改善其金融业务质量。2016年9月成立区块链园区，由银行和金融公司合作开发区块链技术在支付和泛金融领域的应用。

·德国。2016年11月，德意志联邦银行和法兰克福金融管理学院联合主办了一场名为"区块链技术——机遇与挑战"的大会，对分布式账本的潜在运用展开研究，包括跨境支付、跨行转账、贸易数据的存储等。

·俄罗斯。态度比较复杂，之前是禁止公民持有和交易比特币，但欢迎区块链。2017年6月，俄罗斯总统普京接见了以太坊创始人Vitalic Buterin；8月，俄罗斯国家开发银行与以太坊基金会达成了战略合作。

总之，各国对区块链持欢迎态度，同时都开始了技术上的尝试。

**（3）我国区块链应用现状**

我国严格监管，鼓励对区块链技术的研发。2016年2月，中国人民银行（简称央行）行长周小川表示，数字货币必须由央行来发行，区块链是研发数字货币可选的技术。同年10月，工业和信息化部发布了《中国区块链技术和应用发展白皮书（2016）》，同年12月，国家将区块链列入了"十三五"国家信息化规划。2017年9月，中国人民银行等七部委联合发布《关于防范代币发行融资风险的公告》，规定在中国交易平台不得从事法定货币与"虚拟货币"之间的兑换业务。

目前，我国区块链的应用非常积极，已经开始对区块链进行专利申请，并且达到了一定的国际占比。2020年4月20日，国家发改委明确将区块链列为新基建内容之一。

根据IDC发布的《2021年V1全球区块链支出指南》，我国区块链市场规模有望在2024年突破25亿美元，五年年均复合增长率将达到54.6%。其中第一大支出方向便是金融。从央行、大型股份制商业银行到城市商行，相继部署了区块链应用。

据可信区块链推进计划金融应用工作组不完全统计，四大银行（中国银行、中国农业银行、中国工商银行与中国建设银行）、中国交通银行、中国邮政储蓄银行、招商银行、平安银行、上海浦东发展银行、度小满、蚂蚁金服、微众银行、京东数科等都在金融领域开始打造区块链业务。中国工商银行主要将区块链应用在基础平台、资金管理、供应链金融、贸易融资、ABS（资产证券化）、票据、数字存证、溯源等领域；中国农业银行将区块链应用在供应链金融；中国银行区块链应用为资金管理、供应链金融、贸易融资、ABS、票据、数字存证；度小满将区块链应用在票据、ABS和其他方面；微众银行、京东数科也在基础平台、供应链金融、ABS、数字存证和溯源方面应用了区块链技术。

具体总结如下。

**（1）跨境支付方面**

目前，Ripple、蚂蚁金服等均已有较为成熟的区块链跨境支付解决方案。蚂蚁金服于2018年6月25日宣布全球首个基于区块链的电子钱包跨境汇款服务（AlipayHK）在中国香港上线。AlipayHK与Gcash合作，成为全球首个在跨境汇款全链路使用区块链的电子钱包，并由渣打银行负责日终的资金清算以及外汇兑换。Gcash用户在到账后能即刻消费。2019年5月，加拿大央行和新加坡金融管理局（MAS）共同宣布，已成功使用分布式账本技术（DLT）进行跨境的央行数字货币付款。

**（2）资产证券化方面**

广发证券ABS云平台，2018年发布了第一期，主要包括数据收集和区块链存证等功能。2018年10月18日，该平台实现首笔基础资产上链保存。针对资产证券化业务基础资产种类繁多的特点，广发证券ABS云平台注重数据模型和接口设计的通用性，适用于各种类型的基础资产。每一次基础资产数据的变动都将形成一个数据版本，用户可以回溯历史上任意版本的数据。

**（3）贸易融资方面**

粤港澳大湾区贸易金融区块链平台，是在中国人民银行数字货币研究所与中国人民银行深圳市中心支行的共同推动、协调和组织下，深圳金融科技研究院联合中国银行、中国建设银行、招商银行、平安银行、渣打银行及比亚迪股份有限公司共同开发的基于区块链技术的贸易金融底层平台。2018年10月，招商银行成功通过该平台，为战略合作伙伴投放首单应收账款融资业务。在该笔应收账款融资业务中，核心企业付款明细签发、供应商融资申请以及银行受理等全程均通过该平台完成。

（4）供应链金融方面

蚂蚁区块链推出的"双链通"供应链存证平台，已经为全国7800万家中小微企业提供秒级融资服务。

中国工商银行将核心企业与各层级供应商间的采购资金流与贸易流集成到区块联盟平台上，供应链上任意持有应收款数字凭据的供应商均可在线向中国工商银行提出融资申请，申请指令经中国工商银行智慧信贷平台审核后，贷款可瞬间到达企业账户。

（5）技术方面

蚂蚁链：每天"上链量"超亿次。作为最早研究区块链的团队之一，蚂蚁区块链团队已在共识机制、高并发交易处理、智能合约、可信计算、隐私保护、跨链交互、安全机制等方向的核心技术上取得了突破，尤其是在助力中小企业及公益方面探索更多。蚂蚁链面向中小企业正式推出"开放联盟链"。中小企业开发者可以基于蚂蚁开放联盟链，像搭积木般开发相关区块链应用，并与蚂蚁区块链共建数字经济的未来。

（6）政务信息方面

腾讯金融科技正在用区块链技术，引领"区块链+税务"领域的数字化变革。2018年5月，深圳市税务局与腾讯公司共同建立"智税"创新实验室，共同探索税务信息化创新之路。在区块链电子发票之后，腾讯区块链与深圳市税务局进一步探索更多"区块链+税务"应用。2019年11月以及2020年1月、5月和7月相继上线"深圳四部门信息情报交换平台""自然人信息共享智慧平台""税务-产业联盟链"和"区块链破产事务办理联动云平台",双方联手在"区块链+税务"创新应用中奠定了全国标杆地位。截至2020年7月底,"税务-产业"联盟链已有近万家企业入驻,涵盖新能源、电子、智能硬件、建筑、装饰等产业链上下游行业。

### (7) 企业政务方面

京东数科的电子合同应用场景落地成果显著,依托于"智臻链"数字存证平台推出的区块链电子合同应用,将原本完成一份双方签署的纸质合同约为25元的成本降低至5元以内,签约时间从4天缩短至20分钟。智臻链电子合同平台已面向京东内部及生态伙伴提供超百万次合同签约,未来将逐步扩展到每年数亿次的电子合同签约场景。京东数科还与厦门国贸集团股份有限公司达成了区块链电子合同合作,共建贸易领域的数字化签约新模式,服务于国贸股份的纺织、油品和化工等多个业务板块。

# 第3章

# 区块链如何赋能传统金融

## 3.1　区块链金融与互联网金融的联系和区别

要搞清楚区块链金融与互联网金融之间的联系和区别,首先要对二者有一个基本认识。从定义来看,互联网金融(ITFIN)是指传统金融机构与互联网企业利用互联网技术和信息通信技术实现资金融通、支付、投资和信息中介服务的新型金融业务模式。互联网金融不是互联网和金融业的简单结合,而是在实现安全、移动等网络技术水平,且被用户熟悉并接受后(尤其是对电子商务的接受),自然而然为适应新的需求而产生的新模式及新业务,是传统金融行业与互联网技术相结合的新兴领域。

当前互联网+金融格局,由传统金融机构和非金融机构组成。传统金融机构的互联网+模式主要为传统金融业务的互联网创新以及电商化创新、APP软件应用等;非金融机构则主要指利用互联网技术进行金融运作的电商企业、P2P模式的网络借贷平台、众筹模式的网络投资平台、手机理财APP软件公司,以及第三方支付平台等。

区块链金融,其实是区块链技术在金融领域的应用。区块链是一种底层技术,其本质就是一个去中心化的信任机制,通过在分布式节点共享来集体维护一个可持续生长的数据库,实现信息的安全性和准确性,应用此技术可以解决交易中的信任和安全问题。区块链技术成为金融业未来升级的一个可选方向,通过区块链,交易双方可在无需借助第三方信用中介的条件下开展经济活动,从而降低资产在全球范围内转移的成本。

无论是互联网金融还是区块链,它们都是依托互联网而生,它们之间的关系应该是相互依存的。互联网金融应当是区块链最理想的应用场景,最终有可能发展成为区块链金融。互联网金融与区块链金融实现融合是未来的趋势,这样对金融产品、业务、组织和服务会产生更深刻的影响。

互联网金融与区块链金融有什么区别和联系呢？

**（1）区别**

与互联网金融的应用程序相比，区块链金融的区别在于其应用程序主要在应用后端，实现了基于区块链的系统间连接与数据交互。在互联网金融和区块链金融的应用程序中，用户都可以通过客户端、浏览器或API等多种前端方式使用应用程序。但是在互联网金融应用程序中，即使针对同类业务，其后端业务逻辑处理与数据存储服务也是由单个机构负责运营管理的，各方通过各系统对外提供的API实行交互。而区块链应用程序是由多方通过智能合约共同执行相同的业务逻辑，由多方通过共识算法将一致性的数据存储在共同的分类账本中，而不是管理各自的独立账本。简单理解，互联网金融依然属于"有中心化"的技术，而区块链金融则是"去中心化"的。另外，互联网金融的个人隐私很难得到保护，而区块链有一种很好的加密技术，可以保护每个人的隐私，个人数据必须花钱买以及征得本人同意才可以。

**（2）联系**

① 区块链能够大幅提高互联网金融的资金嫁接和配置效率，同时由于区块链的防篡改和加密技术，能够增加互联网金融运行的稳定和安全。

② 区块链能够帮助互联网金融企业隔离信贷风险，针对个性用户开发更符合身份的金融产品。

③ 区块链可以帮助互联网金融甄别信用客户，使征信更加透明化，改变互联网金融信息的非对称状态，帮助用户降低被欺诈风险。

④ 区块链能够促成互联网金融的监管，并且降低监管成本。

总体来说，区块链金融和互联网金融之间是相互依存的关系，区块链可以促进互联网金融的发展，而互联网金融也为区块链指明了发展的方向。

## 3.2 区块链成为数字金融信任载体

2015年，《经济学人》杂志将区块链称为"创造信任的机器"，因为区块链的共享账本能使人们在互不信任的环境、无第三方机构背书的情况下实现可信的协作。虽然这听起来并不那么具有创造性与革命性，其主要改变也仅仅像把软件的数据存储机构由一家机构变为多家机构那么简单，但区块链却具有改变多方合作方式的潜力，从而成为一种数字金融信任载体。

举个最简单的例子，我们去银行申请贷款或信用卡的时候，需要提供很多的证明材料来证明我们的征信是良好的，这个过程费时费力。但在区块链成千上万笔交易中不需要任何证明材料，却没发生过一笔诈骗交易。这时，机器建立的信用交易成本是零，信任成本是零。为什么区块链能够做到这一点呢？因为它的分布式记账方式。这种记账方式可以很好地和我们现有很多体系连接在一起，从而发挥它最大的价值，实现了最终的弱中心化、分中心化，然后各个体系才可能把这个技术进行更广泛、更大规模的运用。

在应用层面，利用区块链技术将物理世界中产生的信任进行了可信的数字化转化，从而实现了影响力的无限延展，达到了降低信任成本、提升协作效率、加速经济交互、信息高效流动的目的。

为什么数字金融需要区块链这种技术性的信任载体呢？

数字金融是国家数字经济战略中的重要组成部分，区块链技术为数字金融的核心驱动力。信任是现代金融的基础，在传统金融体系里，信任的建立往往是以法律和制度为保障，这种信任需要一整套的社会规则、制度、法律作为保障，其运行成本高昂。中介机构在传统金融体系中扮演着重要的角色，价值创造和价值交易都经过中介机构，中介机构根据法律和协议，提供可信的交易场所，集中进行清算等服务。正是基于对金融中介机构的信任，资金供求者通过金融中介机构完成资金融通的过程，在这一过程中，金融中介机构收取中介费用，增加了交易成本。但是，信息的处理最终取决于人工，造成潜在的道德风险。利用区块链技术可以把大家对金融机构的无形信任转化为易监督的有形数字信任，从而实现金融机构信任的数字化转型。

很多金融产品需要分为不同的执行阶段，交易也要根据国家制定的法律法规进行划分，同时需要在不同的执行阶段委托不同的机构或组织，才能维护金融市场秩序。这就会有信任风险的产生，由于被委托的机构不同，彼此不可能完全信任对方，同时都是各自管理各自的金融资产，因此需要与法律赋予中介职能的机构实行互动，以更新金融资产的状态数据，或与多方进行信息核实，以避免信息不对称而带来的交易风险。在这个过程中，交易流程与金融系统交互较为复杂，往往需要人工核验与信息交叉验证，提升了交易成本，降低了交易效率，未来的信任生态体系追求的目标就是解决这一问题。因为要分工协作，那么"信任"就显得十分重要。区块链技术正好能够解决信息不对称、不确定、不安全的环境，以此来打造一个信任的生态环境，在去中心化的环境下自动安全地交换数据。它的实质是一个不断增长的分布式结算数据库，能完美解决信息系统中的信任危机。另外，区块链的智能合约形成的去中心化社会网络意味着我们可以以极低的成本形成社会信任关系，从而使整个社会运行成本大幅下降，而信任值大幅度提升。

区块链不断发展，技术也在不断提升，从边缘的技术创新渐渐成为主流技术应用，会大大提高金融效率。区块链的分布式记账正好能解决信息不对称问题，大量的金融数据就不会被金融中介机构垄断，这样就会使信任大大提升。

区块链会让金融环境更自由、更安全、更公正，任何人都可以发起一笔交易，任何人都可以参与验证该笔交易，任何节点上的人都能读取区块链上的信息，从而极大地提升未来金融交易的效率。

因此，我们可以说区块链将成为数字金融的信任载体。

## 3.3 区块链保障金融应用更加安全可靠

涉及金融就等于和"钱"打交道，所以安全可靠是最核心和最根本的需要。如果金融机构不能保证用户的钱财安全，那么就太可怕了。之所以说区块链能保障金融应用更加安全可靠，是因为区块链是去中心化的分布式账本，建立在提供绝对的安全与信任的模型上。

中国建设银行行长刘桂平在2020金融街论坛年会上表示，金融科技使金融服务更加安全可靠，更加普惠公平。充分运用大数据技术将数据资产作为关键生产要素，提供多维信息，实现客户精准画像，分维定位，分类管理，全程监控，保障银行经营安全；采用区块链技术实现数据信息可信、可追溯、不可篡改，保障客户隐私，兼顾流程公正透明和客户信息安全。

另外，区块链的安全性更多在于运用加密技术，每笔交易都会被公开记录下来，带有唯一的时间戳，且链向其前一个区块。最关键的是，这些数字"区块"只能经由所有参与者同意才能更新，也就几乎不可能发生数据窃取、篡改和删除等情况了。

2020年1月1日，《中华人民共和国密码法》正式实施。密码法的实施，为推动我国区块链技术和产业创新发展提供了重要的法律指引和保障。合理采用符合国家密码管理政策的密码算法、密码协议、密钥管理机制等密码技术，遵循相关密码标准规范要求，深入全面开展密码测评认证，是保证区块链可用、可信、可管的重要前提。

区块链的密码技术具体体现在以下几个方面。

① 构建用户数字资产权属和安全身份。在区块链上的用户大多都用公钥密码体系实现身份被统一管理，也是唯一的身份凭证，通过数字签名实现资产确权（保证用户在区块链上的所有权）。同一个用户可以拥有多个公私钥对及多个对应的账户地址。区块链上的每笔交易都需要一个有效的数字签名才会被存储于区块中，区块链网络中的所有用户都可以通过对应的公钥对交易的有效性进行验证，确认签名者对数字资产的所有权。

② 在密码杂凑算法技术下构建起区块链的核心共识机制。记账规则在共识协议的监督下，对交易数据达成一致的方式，保证合规数据最终被全部诚实节点确认，实现分布式账本数据记录的一致性和灵活性。共识协议多采用密码杂凑算法、门限数字签名、可验证随机函数等密码技术实现共识安全。使用基于密码技术的不可预测方法选择参与者来创建和验证区块，使动态敌手无法预判区块的创建者，实现动态安全。

③ 区块链的透明和可追溯等特性为无信任的网络环境提供了安全保障。区块链系统可分为数据层、网络层、共识层和应用层等，密码技术在各层中都发挥了基础和核心作用。在数据层，区块之间通过密码杂凑算法实现时序化串联，保障数据的完整性和抗篡改性，确保交易的公开可追溯。在网络层，使用加密隧道通信等密码技术建立安全通信信道，并为消息鉴别、匿名路由等提供

技术支撑。在共识层，采用公钥密码算法和密码杂凑算法等构建的共识机制在不同节点之间建立信任，确保分布式账本的一致性和灵活性。在应用层，采用基于公钥密码算法的数字证书鉴别机制实现节点身份的合法性确认，从而实现不同节点对交易的确权。

④ 区块链实现对用户的隐私保护。比如基于传统环签名、零知识证明、同态加密、安全多方计算等通用密码技术来构建隐私保护方案，能够满足安全需求，但计算效率不高。针对具体应用场景，设计高效的密码方案，实现满足不同场景的新型隐私保护技术是目前的一个研究热点，能够更好地服务于实用化的区块链融合应用要求。

⑤ 在满足区块链隐私保护的基础上，构建满足穿透式可控监管、跨链跨平台监管的密码机制，实现区块链交易身份、交易信息的受控溯源，是区块链合规应用的重要保障。目前，典型的解决思路是通过集成部署环签名、同态密码方案、隐身地址和秘密共享等密码技术，以确保交易的安全监管。

从移动互联网到大数据、区块链，当今时代，技术变化的潮流势不可挡，以至于很多人一时竟难以明白和适应。但毫无疑问，区块链正在让大数据汹涌而来。区块链的可信任性、安全性和不可篡改性，正在让更多数据被释放出来。

2020年7月，中国人民银行印发《关于发布金融行业标准推动区块链技术规范应用的通知》和《区块链技术金融应用评估规则》，要求各类金融机构定期开展外部安全评估、开展区块链技术应用的备案工作。

专家指出，凭借独有的信任建立机制，区块链技术在贸易金融、公共服务、农产品溯源等领域显示出巨大的应用价值。伴随这轮区块链技术金融应用评估规则与服务的接续出台，区块链技术在金融行业的健康安全有序发展有了推进器和安全符。

## 3.4　区块链技术助力金融服务创新

越来越多的金融衍生品，大大增加了金融系统逻辑和实现的复杂度。考虑到如今银行系统的复杂程度和遗留数据等，基于现有系统重构服务系统，几乎是不可能的。

区块链技术公开、不可篡改的属性，为去中心化的信任机制提供了可能，具备改变金融基础架构的潜力，各类金融资产，如股权、债券、票据、基金份额等均可以被整合进区块链账本中，成为链上的数字资产，在区块链上进行存储、转移、交易。区块链在金融领域的应用前景广阔，各种金融服务创新成为可能。

目前的金融多数指"互联网金融"，如线上支付、线上资金筹集以及线上理财等。整个金融活动的开展、进行和完成均应以互联网为依托，有效突破了传统金融在时间、地域上的限制，使资源配置更加方便、快捷、透明、有效。但是，作为一种新型业态，互联网金融在迅猛发展的同时，其信用风险、信息安全、法律风险也逐渐凸显，国内外互联网金融失败案例数见不鲜，互联网金融的健康发展因此而受到了很大的阻碍。而区块链技术对相应风险具有防范、控制和降低三重效果。

另外，区块链技术对于企业融资、抵押、资金监管等方面也体现出新的价值。

第一，中小企业在经营过程中，存在经营不规范、税务存疑等不重视信用积累的问题，因此在向银行申请融资贷款做风险评估时，往往会有还款与经营能力不足的风险，导致需求方得不到贷款，银行资金又无法释放。区块链技术具有点对点传输、分布式数据存储等特点，在区块链技术搭建的平台上记录业务核心单据、关键流程，将"可信"联结，使得链上任何中间参与者都能快速获取真实的信息、数据与价值，增加机构之间的信任，有利于金融机构对中小微企业发放信贷、提供支持。

第二，链上的数据资产可以用来做抵押。一般企业融资贷款需要向银行提供抵押，大企业还好，小微企业往往资产有限，抵押有限从而不容易拿到贷款。通证能够解决这些难题，比如依托产业链上各个参与方的真实数据形成"中小核心企业区块链付款保函"，以此为抵押来进行融资。以区块链技术为核心搭建新型融资平台，可以验证产业链、资金流数据的真实性，取代传统的抵押、担保，帮助中小企业获取银行、信托等牌照金融机构提供的基于其未来现金流的融资。

第三，在审批贷款上简化了金融办理手续的同时，还能对资金流向进行有效监管。在区块链技术搭建的融资平台上，链上所有参与方数字签名实时上链，具有法律效力，整个融资的资金流转情况"留痕""可溯"，且不可篡改，在跟踪金融运作的过程中，对融资全流程、全生命周期进行穿透式监管，杜绝了资金挪用等风险。

第四，将"证券"变为数字通证。分布式账本允许用户访问抵抗审查的账本，即对传统金融进行全面改革——将"证券"变为数字通证。证券通证是代表相关资产或证券所有权的数字通证。这些数字通证能很快在区块链的公共网络上发布，具有合规性功能。与纸质的所有权不同，数字所有权可以编程，将股息支付、归属期、分配、股东投票等任务以代码形式编写进数字资产并实现自动执行。

区块链最主要的应用场景在金融领域。金融产业所具有的普惠性、系统性、高风险性、效益依赖性和高负债经营性等特点，以及金融科技时代金融产业将以科技形态出现、金融的表现形式多样化及金融与外部技术融合加深的大趋势，决定了区块链技术具有在金融产业首先发展和布局的优势和条件。全球区块链市场份额中，金融产业所占份额最大，2018年达60.5%。同时，区块链技术已在数字货币、支付清算、票据与供应链、信贷融资、金融交易、证券、保险、租赁等细分领域从理论探索走向实践应用。

目前，区块链的发展带动了一些新型产品问世，例如高阶期货合约。传统期货合约是非线性的，而高阶期货合约不仅与线性项成正比，还与平方项成正比，在增加资产丰富程度方面有很大贡献。通过区块链技术，高阶期货合约的风险也可以被控制。区块链技术还可用来做"二维期货"。期货的支付不仅和价格相关，也与做多做空的交易量相关。对于传统期货，买多和买空的交易量需要一致，而区块链可以把交易量本身做成智能合约的一部分，放在"链"上，实行"赢者分摊"的盈利分配机制。这样，做多和做空的交易量便可以是不对称的，使小种类期货的流动性大大增加，即使在没有撮合的情况下，挂单依然可以执行。通过这种方式产生的"新鲜"合约，称为"二维期货合约"。

除了期货，区块链技术对保险行业也会有较大帮助。在做社区保险时，很多人尝试过互助保险，但面临的一个问题是，一些做互助保险的平台的信用水平很低，有时会携款逃跑。通过区块链技术，这些问题可以很好地被解决。例如，把保险金锁在一个智能合约里，每次取出一部分资金的时候，都需要得到个人和委员会的签字认证。通过这种方式，资金保存在个人的控制之下，购买保险的成本将大幅降低。

未来，随着区块链技术不断发展，金融领域依托区块链技术达到应用创新发展的机会越来越多，应用的领域也会越来越广泛。

## 3.5 区块链对货币政策的影响

区块链技术通过参与重要的金融应用，影响着金融市场基础设施建设，同时也对货币政策产生了影响。区块链技术在法定数字货币中的应用对一国货币体系的影响将更加深远。区块链技术的迅猛发展对中央银行特别是央行货币的发行以及流通具有一定的优势，包括对通货膨胀的治理、货币发行成本的降低和数字货币的国际化方面具有一定的影响。

具体影响体现在哪些方面呢？

**（1）为有效制定货币政策提供了依据**

区块链技术具有可追溯性特点，大量的交易和支付行为能够为央行提供充足可靠的数据来源，央行可以详尽地了解资金流向，对基础货币的运行情况做出更加准确的判断，从而为有效制定货币政策提供了真实依据。

**（2）使货币政策能灵活调整，实现智能化执行和管理**

区块链的可追踪性和可编程性将会使货币政策能够根据实际情况随时进行调整，这样货币政策执行起来会变得更加智能和灵活。

**（3）使货币流通机制与方式得到改善与优化**

传统的纸币在实物交换中进行流通，流通过程中的纸币会出现损毁的情况，而且货币当局还需要对纸币进行实时的回收、清点、销毁。而以区块链技术为依托的数字货币通过区块链网络中的数据信息进行非实物的流通，不需要像传统的纸币那样定期清点、销毁。

**（4）降低数字货币的发行成本，实现更高效率的流通**

由于传统的纸币缺乏交易信任机制，需要以国家信用背书，其发行和流通都会受到货币当局的监管；纸币的发行会带来印刷、运输、损耗以及回收、销毁与防伪等一系列的成本；同时纸币的最终清算也需要第三方金融机构的介入，需要支付相应的清算成本。而数字货币的发行不需要任何的印刷和运输等成本，数字货币的清算仅仅通过交易双方就能完成，不需要第三方金融机构的介入，因而也无需支付相应的清算成本；此外，数字货币的发行不会产生纸币发行所引发的铸币税。

**（5）有效防止通货膨胀**

我们都知道，通货膨胀来自于货币超发，过多的纸币发行就会使商品变得少而贵，货币就会出现贬值的情况。而数字货币的发行是基于交易双方的特定需求，是全社会商品物质需求量的集中体现，真实地反映了实体经济状况。理论上，数字货币不会存在超发的情况，也就不会发生所谓的通货膨胀。

区块链技术对于货币政策的影响，主要在于使货币结构发生变化，货币乘数增大。法定货币使人们在使用支付时更便捷，因此公众会将更多的钱存入银行，银行系统资金来源扩大，货币乘数增大，扩张能力也会提升。

货币流通速度加快。无论是银行卡、支付宝等电子货币，还是法定数字货币，支付和交易效率的提升都会加速货币流通。

## 3.6 区块链推动金融机构数字化转型

当前，互联网金融冲击下的银行传统金融为寻求创新发展，将传统金融业务电子化，研发出区块链技术。区块链技术优化了传统金融机构的管理体系及业务流程，创新了传统金融机构的发展模式，推动了金融机构数字化转型。

目前，新一轮科技变革加速演进，以区块链为代表的创新技术蓬勃发展，成为推动社会数字化转型的重要驱动力。金融业与区块链技术有着天然的契合度，已成为近年来最为活跃的应用领域和推动技术发展的中坚力量。

各大银行从几年前就开始了区块链的应用测试，应用场景包括数字钱包、贸易融资、公益扶贫、跨境支付和数字票据等。作为股份制商业银行的民生银行，早在2016年就开始投入到区块链应用的研究中，并努力拓展数字化服务生态，助推银行数字化转型。财商信息咨询显示，民生银行已经通过区块链实现了数字化的布局。三个平台分别是：区块链开放服务平台（BaaS）、区块链电子存证服务平台和区块链贸易金融服务平台。

（1）区块链开放服务平台

提供了功能完备、操作方便的监控运营可视化平台，支持数据定期备份和智能归档，能够有效解决区块链平台运营成本高、维护门槛高、故障修复慢等难题。截至目前，民生银行BaaS平台已经支撑信用证、司法存证、eKYC、电子函证、股票质押、在线融资等10多个应用场景，链接企业客户、同业机构、行业协会、法院等多个数字产业合作伙伴。

（2）区块链电子存证服务平台

民生银行率先应用区块链技术，通过与北京互联网法院、方圆公证处等连通，实现了"金融+司法"两大生态高效安全地链接。该平台打通了行内业务中台、电子渠道平台系统，对业务数据的实时加工处理生成数字指纹，将数字指纹进行上链存证。根据监管机构可回溯管理要求，该平台还在用户授权前提下，通过自主研发的可回溯组件，形成了用户操作回溯视频，并将视频经过上述存证处理进行上链操作，使业务操作具备"合法""合规"双保证。目前，该平台累积形成的区块链电子证据达1000万余条，业务场景涵盖贷款、基金、理财、销售等多种线上场景，为银行数字化转型过程中线上业务的合法合规提供保障。

**（3）区块链贸易金融服务平台**

由民生银行与中国银行、中信银行联合研发，涵盖国内信用证信息传输及福费廷二级市场交易两大业务场景，是区块链技术在国内银行业贸易融资领域的首次应用。该平台已成为集资产发布、资金报价、交易撮合、询价管理等为一体的跨机构金融系统，解决了传统银行间资产交易存在交易信息失真、交易撮合与交割脱节、多主体标准不一致、业务操作复杂等行业痛点问题，重塑了银行间资产交易流程，极大地提升了交易效率和安全性，有效推动了行业的高质量发展。目前，该区块链贸易金融联盟平台已有超过40家银行加入，链上交易规模突破5000亿元，成为国内银行业最大的区块链贸易金融平台。2020年7月，人民银行清算总中心与这三家银行正式签署区块链福费廷交易平台合作协议，意味着该平台正式成为行业平台，为区块链等金融科技创新积累了宝贵经验。

# 第4章

# 区块链数字金融
## ——区块链+数字货币

## 4.1 数字货币的起源与定义

关于数字货币（Digital Currency，DC）的定义，目前尚没有统一标准，不同主体的定义不甚相同。维基百科将数字货币定义为电子货币形式的替代货币，是依靠校验和密码技术来创建、发行和流通的电子货币。金融行动特别工作组将数字货币定义为能通过数据交易并发挥流通手段、记账单位及价值储存功能的数据表现形式，没有国家的信用保证。欧洲中央银行则在2015年2月的报告中定义数字货币为价值的数据表现形式，并非由某一国央行发行，在某种情况下可以充当补充货币。国际货币基金组织将数字货币定义为由私人发行的面额不定的账户单位，通过电子形式使用。

数字金币和密码货币都属于数字货币。数字货币的起源可以追溯到20世纪初，当时第一批纸质信用卡诞生，通过酒店和百货商店开始向高端消费者发行。1949年大来国际推出普通商品信用卡。1958年，美国银行推出了第一张普通信用卡以及后来的Visa卡。大来国际面临着强劲的竞争。直至1966年，一系列有竞争力的银行又相继推出了万事达卡。到了1990年，互联网的诞生使数字货币的概念成为了可能。新的支付形式可以以纯粹的电子形式无形地存在，这超越了人们的想象。

数字货币的具体发展史可以总结如下。

· 1992年的DigiCash。DigiCash是由美国计算机科学家和密码学家David Chaum于1989年创立的数字货币公司。DigiCash推出了两种数字货币系统：eCash和cyberbucks，这两种系统均基于Chaum的盲签合约建立，能保证用户匿名且身份难以被追踪。银行无法追踪商家是如何使用eCash的，但是由于商家最终还会将自己的eCash转入银行，所以整个过程并不能做到完全匿名。最终由于缺乏足够的支持且银行和商家都没能恰当地应用这项技术，导致其最终失败。

· 1996年的E-gold。E-gold平台背后有真正的黄金作为支持，这一事实使它非常受欢迎，甚至一度有希望在数百个国家吸引超过500万个用户。后来平台持续遭遇黑客攻击并且吸引了大量非法洗钱交易，使得该平台在严苛的政府管控之下渐渐停止了运营。

· 1998年的WebMoney。WebMoney是一家总部位于莫斯科的公司，它提供广泛的点对点的付款解决方案，涵盖互联网交易平台。该公司于1998年推出的WebMoney是一种通用数字货币，它也是少数幸存的尚未加密的数字货币之一。时至今日，该货币仍被数百万人广泛使用。与此同时，它也可以转换为法定货币，如卢布、美元、英镑。

· 2006年的Liberty Reserve。Liberty Reserve是另一个最终走向失败的数字货币，它试图创建一个集中的匿名汇款平台。该货币允许用户创建账户并进行转账，而且无需任何形式的验证。该平台吸引了大量网络犯罪分子聚集，导致其在2013年倒闭。

· 2007年的Perfect Money。Perfect Money是一个数字货币平台，可以提供与Liberty Reserve相同的服务，无需进行身份验证。该平台可以使用各种货币，包括美元、欧元、英镑等。

· 2009年的比特币。比特币作为一个能赢得用户信任的"中间人"，是迄今为止最成功的数字货币，它采用开源的区块链技术，将交易信息存储在分布式账本中，这使得破解网络几乎成为了不可能。我国目前禁止比特币开采行为。

数字货币也分层次，底层为法定数字货币，它可能是加密的，也可能是免密的。中间层为数字金融账户体系,是覆盖了央行支付体系、金融机构、非金融机构的垂直化总分账户体系,同时各国央行的支付清算体系也将紧密互联互通。顶层为数字身份验证体系,这主要是基于生物特征码和行政记录而形成的多重加密验密体系。

数字货币按照发行主体可以分为私人数字货币和法定数字货币。目前主要的私人数字货币有比特币、莱特币(LTC)、瑞波币和以太坊(ETH)等。比特币仍为主流的私人数字货币,瑞波币和莱特币的市场份额却逐渐被异军突起的以太坊攫取,并且随着价格的攀升和市值的增加,以太坊成为仅次于比特币的第二大数字货币。对于这些"代币"究竟应当算作私人数字货币,还是虚拟货币,至今争议仍存。

法定数字货币则指由国家信用背书的数字货币。厄瓜多尔、巴巴多斯政府率先推出了国家版数字货币,英国、荷兰测试了数字货币,印度、瑞典、澳大利亚正在研讨发展数字货币的计划。英格兰银行自2014年以来持续关注数字货币的发展,并计划推出CBDC(Central Bank Digital Currency,中央银行数字货币),即由中央银行授权全国发行的、国有货币主导的、计息的电子货币。英格兰银行设想可以设定CBDC的利率,并且允许私人部门通过买入和卖出CBDC来控制数字货币的数量,或者由中央银行设定CBDC的数量,允许私人部门通过竞价推高或者拉低数字货币的利率从而达到市场出清的目的。

我国央行数字货币是一种法定数字货币,是基于国家信用且一般由央行直接发行的数字货币,简称DCEP,其中,DC是Digital Currency的缩写,EP是Electronic Payment的缩写,强调了DCEP的电子支付功能。我国数字人民币布局已取得阶段性进展。2014年,我国开始筹备数字人民币。2019年,加速推进数字人民币布局。2020年,央行数研所官宣首批试点"四地一场景",包括深圳、苏州、雄安、成都,加上冬奥会场景,目前试点均已经落地。2021年,第二批数字人民币面向公众的试点包括上海、海南、长沙、青岛、大连、西安六地,"稳妥开展数字人民币试点测试"成为中国人民银行十大重点工作之一。

数字人民币试点地区、场景和形式逐步扩大,支付模式也在不断更新。数字货币在用户端后续可提供贷款、理财、保险等线上金融产品;在企业端可提供数字营销、供应链管理等增值服务。

## 4.2 数字货币的主要特征

数字货币可以认为是一种基于节点网络和数字加密算法的虚拟货币。数字货币与电子货币最大的不同在于数字货币不会有物理钞票的存在,它本身就是财富的表现形式。数字货币的核心特征主要体现在以下几个方面。

第一,数字货币在发行和生产方面,本质上是在一个相互验证的公开记账系统上记账,在一定算法的模式下,找出符合条件的一串随机代码,然后将这串代码同其他交易信息打包成一个区块,记录在这个账本里,这样就获得了一定数量的数字货币。

第二,数字货币本质特性就是电子现金,所以具有现金的一切属性,不但具有匿名性,还不受纸钞和硬币物理结构的限制,方便流通。区块链上的数字货币(电子现金)可以被追踪,这对于金融机构来说无疑具有非常大的吸引力。数字货币安全的首要特征就是匿名,所以数字货币第二个特征就是一种具有匿名性、方便流通的电子现金。

第三,数字货币具备可编程性。电子货币在金融机构账户上表现为一串串数字符号,交易是账户之间数字的增减。而数字货币在分布式账本上表现为一段段计算机代码,交易是账户或地址之间计算机程序与程序的交换。可编程性不但让央行拥有了追踪货币流向的能力,从而可以建立在区块链和数字货币出现之前不可能拥有的精准执行货币政策、精准预测市场流动性的超级能力;同时,可编程性也能让金融交易变得自动化,省去金融机构庞大的后期结算业务的中后台部门,甚至让很多金融交易可以实时清算。这无疑极大地提升了金融交易的效率,提高了资金周转速度,削减了运营成本。

第四,数字货币是一种加密货币。数字货币设计成加密货币,原因有三方面:一是数据确权,目前互联网是完全公开透明的,我们享受互联网带来便利的同时,也把各种行为数据无偿提供给了中心化的互联网机构,而这些互联网机构可能利用这些数据来从事营利性商业活动;二是隐私保护,不仅我们在互联网上遗留的行为数据需要隐私保护,随着互联网医疗越来越多地走进我们的生活,我们的健康数据更需要加密保护;三是安全保障。

第五,数字货币是一种算法货币。数字货币的安全保障机制依靠的是一套密码学算法:哈希算法确保数据的不可篡改和高度一致性,隐私保护算法确保交易流程的私密性;数字货币的记账机制依靠的是一套共识算法,是分布式网络上各个对等节点依靠算法来达成共识,确保在没有中心化机构的帮助下,自主、自治地保证账务的真实准确,不至于重复花费;数字货币的运行依靠智能合约,作为可以自动执行约定的计算机程序,智能合约保障了金融交易的高效低成本运行,而这其实也是算法在起作用。因此,数字货币的核心就是一套高可信度、高一致性、高透明度,规则严密、纪律严格,公平、公开、公正的数学算法。

## 4.3　数字货币产业链

　　货币作为中介，承担着信用的职能。现如今的流通货币因为获得过程不可记录或十分难于记录，出现问题后的处理往往会很容易出现有悖客观的事情，并不完全体现其信用职能。因此，最大的程度地使货币体现其信用职能，增加个人在社会生活中的行为透明度，可能是未来的发展趋势。

　　区块链正是一个去中心化、讲究信用的体系，这也使得未来数字货币搭上区块链，能够更进一步去发展。

　　移动支付微信钱包、支付宝的普及已经让电子货币快速渗透进了我们的生活，大家的直观感受是已经很久没有用过纸币了。电子货币显然已经领先纸币很多个层级，数字货币当然也已经领先于纸币，但同时又区别于电子货币。

　　首先，数字货币在法律定义上不同于电子货币。在司法管辖领域，电子货币需要以主权货币计价，比如美元的电子货币仍一对一美元。而数字货币以其自身的价值定价。

　　其次，数字货币的价值属性不同于电子货币。数字货币被定义为一种大宗商品，其价值完全由供需决定，不同于基于主权货币的电子货币会受到货币政策的影响。

　　同时，数字货币的发行、运作、收单、清算等环节有着完全不同于电子货币的模式。

　　扫码支付如今已经引领了电子货币时代，使用率和普及率都非常高。在众多支付公司的扫码产品中，支付宝使用率达83%，微信使用率达64%，遥遥领先于其他品牌。目前，二维码扫码支付方式已逐渐为人们所接受，将成为今后消费领域重要的支付手段，也将是数字货币的载体。

2016年，中国人民银行有关负责人表示，未来移动支付前景明朗，央行正积极研究国内外相关研究成果和实践经验，争取早日发行数字货币。为什么央行会在这个时间点提出数字货币，开始研讨和探讨它呢？

首先，大环境上，最近几十年以来，全球货币体系一直处于从中心化到去中心化的过程，目前国际金融形势复杂多变，我国金融改革到了迫切求变的时刻。

其次，央行有关负责人表示，如果成功发行数字货币，将带来许多便利：可以有效降低传统纸币发行、流通的高昂成本，提升经济交易活动的便利性和透明度；可减少洗钱、逃漏税等违法犯罪行为，提升央行对货币供给和货币流通的控制力，更好地支持经济社会发展，助力普惠金融全面实现；有助于建设全新的金融基础设施，进一步完善支付体系，提升支付清算效率，推动经济提质增效升级等。

但是，并非一味依赖互联网，而是随着支付宝、微信扫码支付等工具的跨国普及运用，研发独立自主的"移动物联网"，而区块链正是解决这一问题的契机，在这个基础上，我国央行推出的数字货币，才应该说是水到渠成。

在未来，数字货币的发展存在4个可能的方向。

① 数字货币成为一种全球性的数字资产和投资品，这也是目前数字货币在全球扮演的主要角色。

② 数字货币成为特定场景下的金融工具。目前在全球范围内不同清算体系之间进行价值传输，时间长、成本高，而数字货币作为全球流动的媒介，可以很好地解决这一问题。

③ 数字货币成为一种新型的支付网络，但由于新近的互联网金融公司已经分别将该产业进行升级和创新，因此支付网络的发展前景尚不明朗。

④ 创新范围更广、更具有想象力的一种发展趋势。数字货币及区块链技术成为一种创新的协议，用于分布式交易、智能合约、去中心化系统、物联网等多个领域，帮助这些领域更快速地发展。

所以，区块链＋数字货币的发展趋势，虽然无法替代法定货币，不代表不能建立自己的流通渠道。新生事物自有其存在的价值，不见得非得替代旧有的已知。去中心化不一定非得消灭中心，恰恰可以创造更多的中心。

## 4.4　区块链对数字货币的影响

区块链技术的设计与发展是在密码学的基础上进行的，通过这种方法有效地提升了交易的稳定性与安全性，对于货币的发展有着很大的帮助与促进作用，对于货币事业的发展也提供了稳定的保障。但是从现实的角度来讲，我国目前区块链与货币的使用属于初始阶段，所以关于此方面的研究比较少。在这种背景下，需要对区块链技术进行深入研究，只有这样才能抓住数字货币发展的机会与重要因素，还需要根据实际情况制定切实可行的发展方案，为日后的数字货币发展提供良好的环境与基础。

数字货币的发行大部分都是个人机构，所以辨识度非常低，而且还会受到多种因素的影响，若是在监管方面出现问题，那么也可能对持有者与市场造成威胁。官方数字货币的不同就在于，信誉方面有保障，而且还能通过政府与国家的形式进行担保，所以更加具有安全性与稳定性。但是根据货币发展的实际情况来看，由于人口数量过于庞大，所以使用的技术根本无法满足实际的情况，致使多个国家数字货币产业仍然处于发展的初始阶段。

# 第4章
## 区块链数字金融——区块链+数字货币

区块链下的数字货币相较传统货币而言，有明显差异。众所周知，货币是依靠银行机构进行付款的，而区块链会在算法加密与储存方面具有明显的优势。

分布式网络上的区块链通过一系列数学算法建立一整套自治机制，使得人们不需要中介机构的帮助，就可在区块链上点对点、端到端、P2P地完成金融交易。共识、共治、共享的自组织是区块链带来的崭新的商业架构和组织架构。

这种数字货币数学算法的信用背书发行方式，使得在原来的主权政府信用背书的法定货币发行方法和私人机构信用背书的私人货币发行方法之外，增加了一类新的数学算法信用背书的数字货币发行方法。观察目前比较成功的数字货币的实践案例可以发现，在新的货币发行方法中，产生了一类新的货币发行主体：自主运行于区块链上的计算机程序。它以社区自治的开源软件的方式运行，既不被中心化机构拥有，也不设中心化服务器，甚至没有运维人员来管理。如果一定要为数字货币找一个货币发行方，那就只能是那套数学算法或装载那套数学算法的计算机程序。

在货币发展历史上，最早的货币发行都是私人机构来承担的，法定货币的历史远远短于私人货币的历史。当人类社会进入信息社会阶段，在私人货币、法定货币之后，也许我们要准备迎接一种新型货币的诞生：以数字货币为表现形式的无主货币。之所以说数字货币是无主货币，是因为数字货币的发行方只是数学算法模型，没有法律主体资格。它流通、运行于区块链之上，完全自治。

数字货币作为区块链技术迄今为止最典型也最成功的应用，得益于区块链分布式共识与去中心化信任的技术优势，也促进了区块链技术与经济活动的深度融合，并由此改变了数字社会的组织方式。近年来，无论是在基础理论研究方面，还是在实践应用发展方面，数字货币均呈现出蓬勃向上的态势。这就是区块链对数字货币的影响。

## 4.5 区块链数字货币潜在的风险

区块链技术在数字货币和加密货币方面取得了突破性进展：区块链技术被交易所广泛应用，促进了稳定币等另类加密货币的兴起，例如我国的 DCEP、欧盟的数字欧元、瑞典的 E-krona、新加坡的 Ubin 项目等。与发行实物现金相比，政府在发行央行数字货币时，通常会更加重视系统安全、监管、数据真实、用户隐私等安全问题，因此，面对区块链等新兴技术的态度也会更加谨慎。

基于区块链的数字货币是应用创新驱动的新型智能系统和去中心化商业模式，目前已经发展至稳定币及法定数字货币阶段，正逐步成为现代经济体系中不可忽视的因素以及数字社会的重要基础，将为金融、经济、社会等各个领域带来重要的变革。该领域目前仍然处于发展的初期阶段，存在诸多问题亟待解决，对其展开系统性的分析具有非常重要的意义。区块链技术的可信、共识、防篡改等特点为构建数字货币的网络环境提供了技术保障。但其自身也存在多种安全风险。具体有哪些风险呢？

首先，加密算法存在被破解的风险。虽然区块链运用了大量的加密算法，如数字签名算法、哈希算法、共识机制等，一旦这些算法被破解，则可能造成身份冒用、个人用户信息泄露、数字货币丢失、系统被控等风险，这样会给个人财产安全和社会发展稳定带来严重危害。

其次，区块链底层协议需要更严格的考验和时间证明。区块链的共识机制、数据发布规则等一旦遭到破坏，会给基于区块链的数字货币系统造成严重的破坏，并且会导致系统面临硬分叉风险。硬分叉可能会影响整个区块链系统的一致性，破坏区块链系统的抗干扰性能，并影响数字货币系统的安全和可靠程度。

再次，区块链面临智能合约漏洞风险。智能合约作为区块链的重要技术，具有不可逆转和自动化，但是其合约设计和语言本身可能会存在安全漏洞。目前已知的智能合约漏洞包括交易顺序依赖、时间戳依赖、误操作异常、可重入攻击等。在调用执行合约时，利用这些漏洞可能会造成相关方的财产损失。2019年，新加坡和英国多位研究人员的技术报告《对贪婪、挥霍以及自杀性合约的大范围调查》指出，包含440万个以太币的34000多份以太坊智能合约技术由于信息编码体系不完善，可能存在容易被攻击的漏洞，以及未完成独立审计的智能合约的风险。

最后，网络攻击风险无处不在。区块链技术的节点可以自由退出或加入，但网络上的路由欺骗、地址欺骗等攻击将导致节点一致性算法结果的波动。如果一个节点遭受攻击时，与该节点连接的用户将无法进行相应的操作。例如，麻省理工学院研究专家发现，区块链网络面临日食攻击的问题，当攻击者针对某个管理节点发起日食攻击时，可以垄断被攻击节点的所有进出，将其与网络中其他节点隔离开，从而获得该节点的控制权。

以上这些风险会制约加密货币和数字货币的发展，会降低金融数字货币行业采用区块链技术的可能性。这些风险不得不防范，需要研究不同区块链类型的安全问题，划分不同应用场景的安全等级，加强基于区块链技术的数字货币系统的安全管理能力。在构建基于区块链的数字货币时，一是采用安全性更高的密码算法来增加攻击难度，尽早设计抗量子攻击算法。另外需要制订和规范密钥生成的方法，对密钥质量进行合格性检验。同时，加强国密算法在技术方案中的应用，积极开展密码算法的本地化改造。在防止硬分叉方面应尽量采用软分叉，降低系统分叉风险。二是通过设置节点授权管理等措施，降低双重支付等风险。针对智能合约漏洞风险，建议在设计验证脚本和智能合约代码时，加强软件代码安全审计。对于网络层访问安全，应该根据不同场景的业务需求，分析是否需要使用非许可链，并注册网络中节点的身份。

在进行央行数字货币或电子货币系统设计和开发时，建议采用区块链与其他中心化技术相结合的设计方案，最大限度地保障系统安全。在规避安全风险的同时，实现基于区块链技术的数字货币的可信、防伪造、不可篡改、可追溯特征。

## 4.6 区块链+数字货币的应用案例

### [案例] 中国人民银行推出数字货币"DCEP"

DCEP（Digital Currency Electronic Payment），中国版数字货币项目，即数字货币和电子支付工具，是中国人民银行研发的法定数字货币，是数字货币的一种，也称数字人民币。

数字人民币是由中国人民银行发行，由指定运营机构参与运营并向公众兑换，以广义账户体系为基础，支持银行账户松耦合功能，与纸钞和硬币等价，并具有价值特征和法偿性的可控匿名的支付工具。

DCEP的功能和属性跟纸钞完全一样，不需要账户就能够实现价值转移，只不过它的形态是数字化的。而且，无需网络，只要手机有电，且已安装DCEP数字钱包APP，那么两个手机之间就能完成数字货币转移。DCEP采取双层运营体系，上面一层是央行对商业银行，下面一层是商业银行或商业机构对老百姓，商业银行在央行开户，按照百分之百全额缴纳准备金，个人和企业通过商业银行或商业机构开立数字钱包。

央行不干预商业机构的技术路线选择，商业机构对老百姓兑换数字货币的时候，可以用区块链，可以用传统账户体系，也可以用电子支付工具、移动支付工具，采取哪种技术路线都行，只要能达到对并发量、客户体验、技术规范的要求。央行的出发点是要充分调动市场力量，通过竞争选优来实现系统优化，共同开发，共同运营，有利于整合资源，也有利于促进创新。

# 第5章

▼
▼
▼

# 区块链数字金融
## ——区块链＋支付

## 5.1 支付业的发展趋势与运行特征

有经济往来和交易的环节就有"支付",所以,金融支付系统是保障交易活动正常进行的资金传输管道,更是使经济运行系统稳定的基础设施。随着社会经济的发展,支付的媒介也从物物交换发展到纸币、电子货币、数字货币等多个阶段。为满足经济活动中客户对于降低交易成本、提高交易效率和透明度的实际需求,支付系统不断建设和完善,经历了电子化、信息化和数字化的发展历程。支付的本质属于保证债权和债务关系,所以支付系统一定要做到透明、客观、公正。

中国人民银行前瞻研究院整理的资料显示,我国的支付业发展,非现金支付——移动支付业务量增速相对较快,2020年我国银行账户数量小幅增长,非现金支付业务量保持增长,支付系统业务量稳步增长,全国支付体系运行总体平稳。近年来全国支付系统运行总体平稳,支付系统业务量继续增长。2020年,全国支付系统共处理支付业务7320.63亿笔,金额8195.29万亿元,同比分别增长28.77%和18.73%。

随着信息技术的不断发展,移动支付已渗透到生活的各个领域,并成为转变社会消费行为的一项重大变革。随着生物识别技术在支付领域的广泛应用,未来移动支付将更加安全、智能。但创新技术发展带来的安全问题、监管问题也必须引起高度重视,应进一步完善法律法规体系,健全技术风险防范体系,引入监管沙盒模式,提高支付监管水平。在支付业务逐步增长的现状下,对于支付系统的要求就会越来越高。无论从技术层还是应用层都要确保数据的安全性。要防范服务器的漏洞风险,确保安全访问和避免网络攻击。

支付系统总体的趋势是什么呢?

第一，移动支付将进入生物识别时代。比如科技进步带来的人脸识别、声纹识别、指纹掌纹识别等将在金融支付领域普及应用，支付产品将更加智能化和安全化。这些生物识别支付将渐渐取代扫码支付。另外，大数据、云计算、区块链等科技手段与移动支付加速结合，移动支付的自主性和便捷性将实现质的飞跃，个性化的移动支付产品和贴心的综合服务能力，会成为商家选择支付服务商的主要考虑因素。由于这种科技进步会促进支付进行更广泛的融合，比如单卡多账户和多卡多账户的现象会出现。随着移动支付场景持续增加，线上、线下界限将被打破，实现深度融合，消费体验将趋于统一。再者是交易信息融合。传统基于地理位置和产业链的信息割裂现状会被打破，信息及信息通道进一步贯通，真正的大数据时代到来。

第二，支付系统要解决交易中的信息不对称问题，提升系统的规模经济和匹配效率。例如，零售支付创新路径的共同特征是围绕支付安全，利用网络技术，开发各种摆脱传统有形身份及资金认证载体约束的新型解决方案，致力于个人消费和交易支付更加安全、便捷和高效，脱离外在载体与中介环节的约束。支付系统的效率也指资金从发起账户到接受账户的速度或者时间，支付系统清算资金的速度越快，或者占用的在途资金越少，则表明支付效率越高。

第三，与衣食住行有关的商业场景和公共场景，都可以作为移动支付的典型应用场景。在系统层面，通过支付系统的不断建设与完善，可以进一步助力人民银行货币政策发挥基础性作用，调节货币流通量和流通速度，作为人民银行实施金融监管的重要手段之一，改善金融服务、加快资金周转、提高资金使用效益等。

第四，安全趋势是金融支付永远绕不过的话题。支付的场景越便捷，越要重视支付环境的安全。支付系统中的资金往往涉及跨交易平台或者跨司法管辖区，支付保障性则体现在资金支付结算的保证和承诺。随着新型网络支付工具的出现，不同的支付工具在支付系统中清结算时首先需要有健全的法规制度作为保障。从长远来看，当前还需对支付风险进行更加细化地甄别，有效辨析潜在的系统性风险与非系统性风险、金融性风险与非金融性风险等。为进一步推动支付行业的安全发展，尤其是主动适应支付科技的飞速发展，还应大力推动支付在技术、业务、设备等各方面的标准化建设。

## 5.2 支付业面临的发展需求与痛点

提到支付，大家首先会想到支付宝和微信钱包，事实上，现在的支付业务远不止于此。当下，我国数字化支付水平已经处于全球领先水平，数字支付已经渗透进人们生活的方方面面，给人们带来便利的同时，以数字支付为代表的互联网技术也正在对传统企业进行赋能，对企业进行升级改造。按类型来分，第一类支付属于互联网远程支付，比如阿里巴巴等互联网企业打造的电子商务进行的网上支付，手机支付实现手机端转账、消费等功能。第二类属于O2O电子商务支付，一些互联网企业基于互联网交互技术，使用二维码、手机刷卡器等支付技术实现支付功能。第三类是近场支付，这一类支付方式的主导方是具有国家背景的银联、银行和移动运营商，其基于近场通信技术（Near Field Communication，NFC），通过电子设备进行非接触式点对点数据传输，实现脱离互联网的线下支付，其主要优势在于资金安全有保障。目前市场上这三种类型均有各自的份额。虽然可选的支付方式自由，但其支付依然存在一定的风险和亟需解决的痛点。

痛点一：数字支付需要网络更稳定和强大。比如我们都有这样的支付体验，在一些地下超市或网络信号覆盖差的地方会很难完成支付。所以，必须依靠网络才能完成的移动支付会受制于网络运营状况。

痛点二：现在广泛使用的支付宝和微信，大部分通过二维码支付。二维码因为安全问题曾被央行叫停，说明安全问题依然是一个非常尖锐的话题和痛点。二维码支付有两种模式：一种是互联网公司推广的主动模式，消费者扫描商户的二维码付款；另一种是被动模式，商户扫描用户的二维码收款。尤其是主动模式存在被篡改和伪造的风险。静态二维码是一个磁条卡，当然没有芯片卡的级别高，磁条卡是容易被伪造的，如果伪造编码机制，分析、破解，再加上病毒二维码，二维码就会被伪造。尽管支付宝和微信都承诺，盗刷赔偿，但这样的承诺对于用户来说没有安全感。在移动支付安全标准尚未统一的情况下，用户担忧移动支付的安全亦在情理之中。

痛点三：在跨境支付方面，虽然在境内支付业务中，受益于电子支付技术的发展，银行与支付基础设施基本实现直连，支付效率已大幅度提高，基本可实现实时到账。但对于仍主要依托传统代理支付模式的跨境支付业务，由于需经过开户行、境外代理行、支付基础设施等更复杂的支付链条，支付环节中的各机构都有自己的账务系统，彼此之间需要建立代理关系，并且有授信额度；每笔交易需要在本银行记录，还要与交易对手方对账与清算等以保证交易记录的一致性，这导致传统跨境支付业务存在到账速度慢、信息不透明、成本较高等问题。

痛点四：对于匿名性现金支付和网络电子支付，无法有效追踪资金流转的全生命周期过程，这对于监管部门和其他金融机构在反洗钱、反恐怖融资和反逃漏税等方面带来巨大挑战；另一方面，政府及监管部门对于专项资金（如扶贫、教育、投资等）的发放、使用与管理的监管难度大、审计成本高，难以监控资金流向，无法保证专项资金精准地用到实处，难以实现穿透式监管。

## 5.3 区块链对支付痛点的解决与赋能

区块链本质上是可共享、可信的，每个人都可以检查公开账本，但是单一用户无法控制它，整个区块链系统的参与者一起更新，才能让总账本更新，才能按照严格的规则和公开协议来进行修订。

区块链之所以能做到这些事，主要原因就在于，它不可被篡改，是分布式的、安全的，是可追踪的，相当于在区块链上形成了一套共识机制。没有区块链，用户每次支付、汇兑或金融价值传输，就要通过商业银行A，然后商业银行A到央行，再到下一个程序，最后再汇出这笔款。

线上这种非面对面的交易，需要一个恰当的、可被信任的中介，来完成整个支付及汇兑流程。区块链产生后，就形成了一个价值传输网络，把所有的账户及交易信息基于底层、基于算法、基于协议来进行。区块链的一大优点是，可以脱离中转银行，实现点到点的、成本低廉的跨境支付。通过区块链平台，跨境交易不但可以绕过中转银行，减少中转费用，还能大大提高跨境汇款的安全性，加快结算和清算的速度，提高资金利用率。

在支付产业中，最引人注意、蓬勃发展的就是移动支付和区块链技术。如果将两者结合到一起，打造更加安全、快速和有效的购物和转账方式，结果会怎样？下面，就来介绍一下区块链技术改变移动支付的优势。

**（1）更加安全**

移动支付需要克服的最大障碍就是安全问题。区块链可以解决这一问题，因为区块链技术不仅可以打造具有超级安全性的系统，还可以阻止诈骗行为，如欺诈、重复支付、哄抬物价等。以区块链技术为支持的交易是基于一个防篡改的账本，想要闯入用户账户非常困难。

一是以安全可控的国密算法为核心，在网络层面建立端到端的安全加密信道，在应用层面实现身份认证、报文数字签名和关键字段加密，并根据各类接入者情况，提供基于硬件密码设备或安全接入软件的不同级别的安全方案，保障支付报文在不同网络环境下传输的保密性和完整性。二是解决市场中的违规交易问题。采用区块链的分布式结构，可有效开展多方的数据共享，消除传统金融市场中的信息不对称性，增加交易透明度，降低全市场信息传递的成本。三是通过分布于全网的多个节点可实现实时全同步的账本数据记录和处理，相当于构建了一个多地多中心的灾备架构，可有效规避中心化处理方式下的"单点故障"。

**（2）即时支付**

我们都期待移动支付能够非常迅速，但是有些交易依然需要耗费几分钟或几小时才能完成。使用区块链技术，支付就能真正地实现即时。只要短短几秒钟，朋友就可以通过智能手机收到你的转账资金。

**（3）便捷汇款**

取消第三方机构的介入，区块链允许移动用户向世界上任何人进行转账，不用支付高额的服务费和交易费。

### （4）移动钱包

区块链技术可以使移动钱包更安全，还能提高速度，改善使用体验。

### （5）无需银行账户

目前世界上依然有很多人没有银行账户。现在，只要一部智能手机，不需要银行账户，就能通过区块链参与全球电子商务，获取贷款，或向朋友或家人安全转账。

### （6）可穿戴设备与物联网发展

移动支付的发展范围正在超出智能手机和平板电脑，可穿戴设备如手表、手链和戒指，已经在市场上出现。另外，物联网也在不断扩张。通过区块链技术，用户可以存储他们的支付信息而不用担心被诈骗。

### （7）区块链技术会使未来支付更简单

将来，用户走进一家商店去购买牛奶，晃动一下自己的手臂，他的智能手表就可以检测到牛奶盒上半透明的密码，执行一个哈希函数就能完成付款，牛奶就会立刻变成用户的。对于物联网来说，开发人员可以利用区块链技术来修补应用程序接口，简化用户所有设备之间的连接。

未来基于区块链技术研究的新一代支付工具和系统，可以标记明确归属实体的一串由特定密码学与共识算法验证的数字，并且这些加密的数字存储在数字保险箱（如数字钱包）、运行于特定的数字支付工具网络中，在流通环节与原有的账户体系松耦合，从而以更难篡改、更易操作、渠道更广的形式运行。另外，区块链技术打造的网络属于共同账本，有助于减少中介机构的信息转发，优化支付路径，大大加快清算、结算速度，提高交易效率及资金利用率，实现点对点、直通式、成本低廉的跨境支付。在监管方面也能提供更多的便利。一是通过共识协议、加密技术、分布式存储等技术，保证法定数字货币、数字票据等交易记录的难篡改性、易追踪性与高一致性，有效实现交易的全链条追踪，大幅提高反洗钱、反恐怖融资等工作效率。二是通过智能合约实现业务规则，以有效管理和约束市场参与者的行为，为市场监测模式探索新的实现方式。

## 5.4 区块链何以能重新定义企业支付

在日常生活中，人们已经能够熟练地使用微信支付、支付宝支付等金融业务，模拟出了双向、无中介、去中心化的支付体验。从个人的消费场景延展开，移动支付不仅可以覆盖投资理财支付服务，还可以将业务范畴逐渐扩展到对B2B企业流动资金管理需求的满足，这是支付行业未来的重要发展方向。

在企业间金融支付领域，区块链技术同样存在巨大的想象空间。区块链凭借去中心化、安全可靠、信息透明、维护成本低等特性，构建了金融科技底层的信任网络；区块链的不可篡改性、去中心化特性、可追溯性、可追踪性决定了其能够彻底解决传统支付的痛点。

通过区块链平台，企业之间的交易结算免去了中转银行的参与，加快了结算和清算速度，大大提高了资金利用率，实现了点到点的快速，支付成本低廉。

目前，国内的中企云链（北京）金融信息服务有限公司、杭州云象网络技术有限公司、保全网等都在积极探索企业级区块链技术服务，主要有以下几种方式。

**（1）流转**

在区块链上发行一种电子付款承诺函（也称"数字票据"），在公开透明、多方见证的情况下进行随意的拆分和转移，核心企业凭借其信用，利用数字票据向其供应商支付货款。中小企业从下游企业接收到数字票据，将持有的数字票据转让给上游供应商，结转应付账款。当整条产业链的后手都受让该项数字票据时，数字票据就发挥了电子货币的信用与支付功能，完全摒弃了中转银行的角色。

**（2）融资**

基于真实贸易背景，核心企业以信用支付，实现零成本融资；而中小企业将下游企业的应收账款向金融机构或商业保理企业进行保理，在提供供货合同、发票、发货单等基础信息后，以持有的数字票据作为保理融资还款保证，可在平台上实现"T+0"放款的高效低成本融资。

**（3）灵活配置**

中小企业可以根据业务发展需求，按需结算；在数字票据到期日前，企业可以灵活安排结算金额和期限，资金方见信兑付。

**（4）风控**

数字票据以区块链为技术基础，运用非对称加密和时间戳技术，可以对票据发行和交易所有参与者的信用信息进行有效、可信地搜集，并对信用风险进行实时评估，提高信用风险的管控能力。同时，企业信用的支付是基于真实贸易背景的，构建完全透明的数据管理体系，就能防范信用超发风险及各种道德风险。

这种模式把整个商业体系中的信用变得可传导、可追溯，打通了整条产业链，整合了产业链内的企业用户，为大量原本无法融资的中小企业提供了融资机会，极大地提高了票据的流转效率和灵活性，降低了中小企业的资金成本，实现了产业链上的多方共赢。

## 5.5 区块链在支付领域的优势和风险

区块链在支付领域的优势体现在以下几点。

一方面，区块链支付通过分布式验证机制、区块链技术、非对称加密技术和工作量证明机制成功建立了不依赖任何权力机构的公众货币体系，消除了巨额制度实施成本和国际汇兑成本。并且，区块链支付能以更低代价实现信用扩张。

在记账货币系统中，通过货币的借贷活动，能够使市场上的货币供应量成倍增长，比如：甲将100万纸币存入银行，其账户增加100万可以记账支付，而银行将其中80万纸币借给乙，乙就有了80万用于支付，市场上总的支付能力变成了180万；如果乙继续存银行，产生新贷款，还将不断增加货币供应。因此，现代货币体系中，市场上的货币供给大多数来自商业银行的信用扩张。信用扩张可以看做区块链系统的延伸，这种延伸在区块链生态中加入了人际信任，使系统运行有了类似法币系统的制度成本。但是，由于区块链系统的技术优势，在同样的信用扩张规模与深度下，产生的制度成本要远低于法币系统。这是区块链系统支付的巨大优势。

另一方面，区块链支付的优势也体现在跨境支付中。传统的跨境支付方式中间环节繁杂，费时又费力，而且跨境电商卖家在跨境支付环节，存在境外银行账户难申请、多平台店铺资金管理复杂、提现到账速度慢等问题。另外，还需要第三方机构的参与，使得整个跨境支付相关手续费增高，支付的效果也大大降低。区块链技术能解决传统跨境支付中的难题，区块链跨境支付系统实现了跨境汇款秒到账、交易信息时刻共享、交易过程实时追踪、银行实时销账等高效运转环节。区块链与跨境支付融合的优势体现在：点对点的模式能够降低跨境支付的成本、共享账本提高跨境支付的效率、分布式架构提供业务连续性保障、时间戳能够实现跨境交易的可追溯性、自动执行的智能合约可提高交易效率。区块链+跨境支付能够有效解决跨境支付的痛点，两者结合的优势也是其他技术不可比拟的。区块链+跨境支付的落地，不仅可以提高跨境支付的效率和降低成本，还给第三方支付在跨境电商出口贸易领域提供了更多可能性。

区块链在支付方面具有一定的优势，但其作为经济金融体系的重要组成部分，对系统体系的效率和安全有着极高的要求，风险依然存在。具体的风险有哪些呢？

**（1）51%攻击风险**

所谓51%攻击，就是指在整个网络中有人的算力超过了全网的51%。如果51%攻击发生，就会破坏区块链去中心化的特性，同时也让网络处在几种攻击风险之下，例如私自挖矿、取消所有转账、双花以及随机分叉。在获得网络控制权后，攻击者开始在加密货币交易平台上存入数字货币，同时也试图将这些币发送到他们控制下的钱包中。通常，区块链会通过只包含区块中的第一个交易来解决这个问题，但是攻击者能够逆转交易，因为他们拥有对网络的多数控制。因此，他们能够将资金存入交易所然后再迅速撤回资金，在此之后，他们撤销了最初的交易，这样他们就可以把这些原本要存到交易所的币发送到另一个钱包。

### （2）黑客风险

虽然网络安全技术能够保证当前的结算需求，但信息泄露、密码破译、黑客攻击等这些风险依然存在。特别是区块链技术的非对称密码机制，在有效实现匿名性要求时，也限制了使用的便利性和损失追索的可能性。如果用户不小心遗忘密码，相应的资产则无法追回。

### （3）监管风险

区块链技术下的支付结算业务，如果某节点伪装为银行，成功骗过其余50%节点，取得了良好信用，其后续作案风险依然存在。虽然监管机构可以作为重要节点参与到联盟链中，但完备的监管手段和监测技术仍是监管机构在区块链技术中要重点关注的问题。

## 5.6 区块链+支付的应用案例

### [案例1] 蚂蚁金服区块链在跨境支付领域的应用

支付宝HK（外文名：Alipay HK）是支付宝首个非人民币版手机应用程序，受中国香港金融管理局监管。2017年5月24日，支付宝宣布推出中国香港版电子钱包——支付宝HK，正式为中国香港居民提供无现金服务。支付宝HK上线后，所有中国香港居民都可以通过绑定当地银行信用卡或余额充值使用支付宝，直接用港元付款。到2020年底，支付宝HK在中国香港活跃用户已超过270万人，合作商户超过5万家。

2018年6月25日，基于区块链的电子钱包跨境汇款服务在中国香港上线。

中国香港版支付宝HK的用户，可以通过区块链技术向菲律宾汇款。AlipayHK成为了全球首个在跨境汇款全链路使用区块链的电子钱包，并由渣打银行负责日终的资金清算以及外汇兑换，使得跨境汇款也能像境内转账一样秒到账，7×24小时不间断、省钱省事、安全透明。跨境汇款因此被重新定义。从中国香港至菲律宾，区块链跨境汇款迈出了第一步，未来将有可能造福更多国家和地区的用户。

## [ 案例2 ] OKLink基于区块链的跨境转账汇款网络

OKLink是OKcoin公司于2016年推出的构建于区块链技术之上的新一代全球金融网络。该网络以区块链信任机制为基石，以数字货币为传输介质，可以极大地提高国际间汇款传输的效率。在业务方面，通过链接银行、汇款公司、互联网金融平台、跨国公司等全球金融参与者，为用户提供安全、透明的全球汇款服务。OKLink的成立理念就是为了降低跨国小额转账的成本，让转账变得更加方便。用区块链建立了信息流和资金流的对等网络，让和美元汇率1:1的代币Okdollar（OKD）在区块链网络上能够低成本快速流通。OKLink跨境支付过程：第一，OKLink开设信托账户后，汇款机构需要在OKLink的子账户中预先存入不低于1万美元才能获得相应的OKD；第二，汇款人发出汇款指令；第三，汇款机构将汇款人所用的货币按照其与美元的实时汇率折算成OKD；第四，收款机构收到OKD后按照美元与收款人所用货币的实时汇率折算成后者后支付给收款人；第五，收款机构按需将信托账户中的OKD转换成美元。

## [ 案例3 ] VISA推出区块链B2B支付平台

2019年6月12日，跨国金融服务公司VISA宣布推出基于区块链的跨境支付网络"B2B Connect"，这是一个跨国界的、银行间可直接进行支付和结算的资金平台，旨在通过提供明确的成本、改进的交付时间和对交易流程的可见来提高国际企业对企业的支付方式。VISA表示，该平台将减少银行及其企业客户发送和接收业务支付所需的投资和资源。

该平台采用了"接口优先"战略，旨在利用全球开发社区的能力，以实现更智能的跨境支付流程。VISA公司表示，对金融机构及其企业客户来说，进行跨境企业支付可能是一个繁琐、冗长且充满摩擦的过程。区块链技术简化了这一过程，通过VISA的网络可从原始银行直接发送到收件人银行。

# 第6章

# 区块链数字金融
## ——区块链+银行

## 6.1 商业银行发展现状与变革需求

随着经济发展，经济结构也在不断调整，各行各业都在发生变化，银行业更是如此。商业银行经营环境发生剧烈变化，"高资本消耗、高信贷投放、高成本运营"的传统经营模式难以为继，经营转型成为商业银行与时俱进、以变求存的共同选择。

在现代银行业发展变革过程中，危机经常是推动变革的重要原因。2008年美国次贷危机是推动十多年来全球银行业变化的重要因素。次贷危机对美国及欧洲一些国家乃至全球经济造成重大冲击，各国相继采取措施对银行业机构进行救助，实施宽松货币政策刺激经济复苏，并对危机发生的教训进行反省，对监管政策进行调整。这些措施深刻地影响着银行业的发展。

商业银行在一个国家经济中扮演着极其重要的角色，所以区块链在金融方面的应用离不开与银行的关系。商业银行是吸收公众存款、发放贷款、办理结算业务等的企业法人。其经营范围包括负债类业务如吸收公众存款、办理国内外结算、发行金融债券、办理票据承兑与贴现、外汇买卖等，以及中间业务如代理发行、代理兑付、承销政府债券、提供信用证服务及担保、代理收付款项及代理保险业务等。

从以上定义和业务范围可以看出，商业银行最大的特殊性是可以合法地吸收公众存款并发放贷款，获取中间的利差收入。这也决定了商业银行资产负债结构的特殊性：资产是固定期限的债权，流动性较差；而负债则是流动性很强、可能随时被要求支付的债务，一旦出现挤兑现象或其他的营运危机，所危及的往往不只是单个银行，还会累及其他银行乃至整个银行体系，引发系统性金融危机。在2008年金融危机后，银行利润率在下降，互联网对传统商业银行带来了不小的冲击，各种金融科技公司在抢占银行原来的大量客户。客户流失、存款流失、自差变少、中间业务的收入也在减少等因素都在倒逼商业银行做出一定的变革。

未来商业银行的变革离不开两个方向：一是提高经营绩效；二是提升风险管理能力，实现经营目标。同时积极拥抱人工智能、区块链、云计算、大数据、生物识别等新的金融科技技术。拓展规模精准获客，为客户提供个性化金融服务，以金融科技提升用户体验，充分应用人工智能、大数据等技术，能使银行随时随地、无缝流畅地服务客户，提高服务客户的能力，成为客户的全方位金融"管家"；由管理信贷资产为主转变为管理客户金融资产为主。

具体变革的需求可以有以下几个方面。

首先是认知方面的转型。2010—2012年，银行逐渐向"电子银行""互联网""线上化"这些特征转变。2016—2020年，银行的转变关键词变得更加多元，比如大数据、智能、普惠、云计算、区块链等，表现出数字化的发展方向已经从原来的"线上化"变成了"科技化"。

其次是组织和产品转型。未来商业银行和互联网企业、科技企业的结合，可以更好地利用科技公司相关的数据、客户进行创新。在产品方面，线下网点逐渐减少，各银行都在加大移动渠道的建设。银行不但要有自己的APP，还要在打造数字金融方面有更多的布局，开发线上金融产品以及互联网理财产品。

最后是效率方面的转型。以金融科技提升银行效率，通过更可靠、更高效的技术和数据来代替传统的人力和渠道，采用线上精准获客、数字化渠道、量化模型自动审批、智能运营和维护等都能提高银行的经营效率，有利于大规模的数据搜集和分析，充分洞悉客户的特征，调整产品和价格，或实现定制化的贷前快速准入和贷中贷后全流程风控及监控等功能，做好风险管理。

## 6.2 数字时代的银行痛点

以创新赢未来！在数字经济浪潮背景下，各家银行主动拥抱新科技，紧跟时代步伐，深化金融科技发展战略。

华夏银行行长张健华说，随着金融科技发展，未来能够从众多银行中脱颖而出的，必将是科技化、专业化、数字化的银行，紧紧抓住了"数据"和"连接"技术创新的银行，将是市场竞争力最强的银行，是能够最大程度满足客户的金融需求、占领较大市场份额的银行。

尽管未来的发展趋势和目标已然清晰，但实现之路从来不易。银行业的从业者经常发出感慨：想努力打造金融科技的数字化经营能力，却发现技术基础设施的"筋脉"还不通畅；想让组织更加敏捷轻盈，却发现文化不够开放而让转型步履维艰；想跟随客户走入开放银行的新生态场景，却发现自己对场景非常陌生。

未来数字化的银行将成为商业银行的发展目标。但在转型和发展的过程中，总会出现一些问题和痛点。那么，数字化时代银行面临的痛点和问题有哪些呢？

第一，要提升数字化思维。现在已经是数字化时代，传统的银行发展业务模式和技术已经不能适应目前的发展和技术变化，无论是管理层还是业务部门、技术部门，都要从思维和意识上转变，提升全员的数字化思维。只有这样,才能建立统一的数字化转型愿景和目标,消除对数字化认知的差别和分歧,达成全员思维上的一致性。

第二,吸引数字转型人才,比如架构师、数据治理、数据模型、网络安全、云计算、区块链等各方面的专业人才,目前银行普遍缺乏这样的人才。未来需要从科技投入、科技和数据人才引入与培养等角度提升科技基础能力以支持数字转型。

第三,银行的信息化基础能力和技术支撑能力还存在系统交付不够便捷、信息孤岛等问题,需要更大规模加强应用能力、应用场景的覆盖,挖掘新技术的业务价值,更好地协调资源,推动价值大、可行性高的数字化项目。

第四,数字化时代,对金融科技的风险治理能力欠缺。金融科技的本质是以科学技术赋能金融业务,技术提高了业务的效率、扩大了业务规模,这容易使流动性风险、信用风险、操作风险等传导速度加快,从而加大风险识别、防范和处置难度。

## 6.3 区块链对银行需求与痛点的解决

区块链技术具备安全可信、简化流程、提高效率、降低成本与风险等优点,基于区块链技术的优势,可以重构银行业现有的技术和应用体系。由于中央指出将区块链技术作为核心技术自主创新的重要突破口,因而区块链技术在商业银行领域的应用受到了空前的关注。国有银行、股份银行和部分城市商业银行均在区块链技术应用上有项目落地。国有银行在区块链技术应用上的业务种类比较丰富，侧重于搭建平台，单个项目的落地则根据实际的业务需要做赋能。中国工商银行率先成立了区块链实验室，加快推动技术研究和产业创新融合发展，在政务、产业、民生等多个领域构建了服务实体经济的区块链服务体系。2018年，中国工商银行对外发布了具有自主知识产权的企业级区块链技术平台，目前已经融合150余项核心技术，提交120余项专利，应用于慈善资金、医疗服务、工程建设、银行函证等多个领域的多个场景。

区块链的分布数据账本技术具有信息不可更改性、自治性以及匿名性等特点，对于银行来说，在存证和数据资产领域能够发挥出重要的作用。同时，区块链的可追溯性与银行存证类业务具有天然的适配性。另外，区块链能够在数据资产类应用中发挥出巨大的作用，提升金融服务效率。比如，中国农业银行基于区块链技术的电商融资，将区块链与企业相链接，使得贷款支付更加便捷。

金融领域之前一直以互联网为主，如线上支付、线上筹资以及线上理财等。但随着互联网金融迅猛发展，其信用风险、信息安全、法律风险等也逐渐凸显。而区块链技术对相应风险可起到防范、控制和降低三重效果。

第一，引入区块链技术后，交易确认即完成清算和结算，由此可大大降低交易风险。区块链将交易过程数字化，并进行完整记录，从而能够有效控制欺诈、手工输入错误等操作风险。

第二，区块链可以客观公正地记录用户的征信，将其划分为优质类客户、风险类客户与中间类客户。对优质客户，银行可全力为其提供金融服务，保证收益。对风险类客户，银行应将其拒之门外，减少损失。而区分中间类客户属于优质类还是风险类，则是区块链的主要任务。

第三，区块链分布式系统透明、公开、不可篡改，既可降低结算与支付的出错率，又可实时监控每一笔资金的流入流出情况，有利于金融监管，降低金融风险。在资产管理上，采用公私钥体系对资产的归属权实行控制，所有对资产的操作都会留下数字签名，在非匿名的联盟链上，可起到确权和追溯的作用。区块链以共识机制为核心，这是保障多方协作关系的核心模块，不同的参与者作为链上节点组建区块链网络后，共识机制可确保其达成信任关系。此外，共识机制可以进行多重验证和反复博弈，鉴别少量恶意节点，对其实行排除和惩戒，保障诚实记账的参与者的应得利益。

第四，区块链的智能合约模块可以使得银行等机构在区块链上定义公开、透明的商业协作关系，并确保快速达成共识，这有助于数字资产管理等功能的实现。区块链独特的技术特性为银行业进行创新业务探索提供了良好的基础。例如，对商业银行而言，可在KYC（Know your customer，了解客户）、反洗钱、联合风控等方面与同业建立协作关系，降低风险和避免重复建设；在账务管理方面，可减少清结算流程的时间和计算开销，提高中后台运营效率，提升流程自动化程度与降低经营成本；在诸如跨境金融的同业合作场景中，不同地区的金融机构通过区块链建立分布式账本，可以克服因法律、政策、监管等不同所造成的不便，从而提升效率、降低摩擦成本。2020年，区块链初创企业Bluzelle以及普华永道，与包括汇丰银行在内的新加坡银行联盟合作开发出一套KYC平台。从项目的实际表现来看，区块链技术不仅能够降低身份欺诈风险，同时也可以减少重复工作量、提供清晰的审计线索，并最终将保障成本降低25%~50%。

第五，银行最担心的是洗钱行为，区块链技术可以为监管机构提供完整的、一致的审计数据，通过对机构间区块链数据的分析，更精确、更快速地监管金融业务。例如，在反洗钱场景中，每个账号的余额和交易记录都是可追踪且不可否认的，任意一笔交易的任何一个环节都不会脱离监管的视线，这将极大地加强反洗钱的力度。而且监管机构可以向区块链网络发出监管指令，基于区块链全网共识的特性，可起到一点接入、全网生效的效果。

基于这些特点，使得区块链技术应用在银行业，不但能够解决银行在数字时代的发展痛点，而且能够节约大量的基础建设设备、人力和时间，在降低金融机构成本的同时，达到商业银行和用户双重受益的结果。

## 6.4 区块链＋银行的应用案例

### [案例1] 海南中行落地自贸港首笔跨境金融区块链服务平台资本项目真实性审核业务

2020年9月29日，在国家外汇管理局海南省分局的指导和帮助下，中国银行海南省分行运用跨境金融区块链服务平台成功办理了一笔外汇资本金结汇便利化真实性审核业务。在该场景应用前，银行需对企业办理资本项目收入支付便利化业务进行按季度事后抽查，企业需按抽查的业务逐笔向银行提交相应的发票供银行进行核查。而该场景应用后，通过建立起银行、企业和监管部门间的业务信息交互核验机制，同时利用区块链及时确保相关信息不会被篡改、核验留痕的特点，将传统的线下逐笔人工核验转化为线上系统批量核验，有效提升了银行的工作效率，提高监管部门获得的数据质效，为企业接受银行抽查提供了便利。

## [案例2] SWIFT跨境支付

SWIFT探索区块链技术如何通过加速账目核对流程来节约国际往来账成本。往来账户通常被银行用于在国际上存储资金，从而进行跨境交易结算。自2017年4月起，SWIFT使用由Linux基金会领导的超级账本项目Fabric区块链作为这种概念验证的技术基础。参与这项区块链试验的成员包括巴黎银行、纽约梅隆银行、富国银行、荷兰银行、南非联合银行集团、德意志银行、摩根大通、渣打银行和西太平洋银行等。

## [案例3] Ripple跨境结算

Ripple（瑞波）是美国一家提供基于区块链技术的跨境结算解决方案的金融科技公司。Ripple构建了一个没有中央节点的P2P支付网络，实现了Ripple网络金融传输协议，为全球银行、支付服务提供商、外贸企业、虚拟货币交易平台提供了新的全球金融结算解决方案，实现了去中心化的跨境支付与清算功能，有望取代SWIFT（环球同业银行金融电信协会）网络。通过Ripple提供的跨境转账平台，在没有中心化机构参与的情况下，全球各银行可以基于瑞波币（XRP）作为货币兑换的中间单位，通过Ripple网络实现实时的点对点跨国转账，且跨国支付与跨行异地支付费用低廉。

# 第7章

## 区块链数字金融
### ——区块链+共享金融

## 7.1 互联网金融与共享金融

最近几年，互联网金融受到学界、业界的广泛关注和研究。随着共享经济在我国的蓬勃兴起，中国人民银行金融研究所互联网金融研究中心提出了"共享金融"这一全新的学术概念。共享金融的理念是伴随着共享经济的发展应运而生的。但在共享金融这一概念出现之前，它的前一阶段——互联网金融已经被国内社会所熟知。

清华大学五道口金融学院谢平教授在其撰写的《互联网金融九节课》一书中阐述过，互联网金融（Internet Finance，ITFIN）不是互联网和金融业的简单结合，而是一个谱系概念，涵盖因互联网技术和意识流，从传统商业银行、证券、保险、投资银行等所有金融机构和金融市场到无金融中介如民间借贷等的所有金融交易及组织形式，具体是指传统金融机构与互联网企业利用互联网技术和信息通信技术实现资金融通、支付、投资和信息中介服务的新型金融业务模式。

那共享金融又该如何定义呢？中国社会科学院国家金融与发展实验室副主任杨涛如是阐述这一概念：所谓共享金融，就是通过大数据支持下的技术手段和金融产品及服务创新，构建以资源共享、要素共享、利益共享为特征的金融模式，努力实现更加有效、公平的金融资源配置，从而在促使现代金融均衡发展和彰显消费者主权的同时，更好地服务于共享经济模式壮大与经济社会可持续发展。共享金融既包括有效支持共享经济发展的新金融模式，也包括金融自身的可持续、均衡、多方共赢式发展。

共享金融的发展分为三个阶段：一是解决利润分配问题的共享经济阶段；二是融合互联网技术的过渡阶段；三是缓解传统金融模式弊端的共享金融

阶段。

互联网金融的主要发展目标是实现共享金融，通过技术创新、专业分工以及精准风险定价，缩减金融交易成本，扩大金融服务的半径，提高服务效率。

互联网金融和共享金融的基础都是建立在共享经济上，未来的经济就是共享经济，而共享经济的核心是共享金融，共享金融的基础网络货币是数字货币，所以区块链的去中心化应用使共享金融成为可能。也有专家在学术层面进行推论，如果可以在网上开存款户，传统银行就不需要了，甚至中央银行的结算功能也可以不需要，基于互联网的共享金融将取代传统金融。如果互联网金融算是一种新的金融业态，那共享金融就是金融的未来。

对于传统金融与新金融的问题，平安银行副行长赵继臣说得更清晰。在他看来，互联网金融包括结算支付、投资、财富管理、保险等多个方面，传统金融向互联网金融、共享金融迈进就是由关系型金融向交易金融转换，其基础就是科技金融。因此，区块链通过加密技术完成交易记账，能大大节省交易成本，甚至是零交易成本，最终可以实现免费交易。

现有的互联网金融业务可以分为两大类：一类是传统金融业务的网络化，另一类是基于互联网的第三方金融服务。虽然运行主体不同，但它们的最终发展方向都是共享金融。

## 7.2 共享金融的两大动力：技术与制度

如果抛开技术和制度来谈共享，可以说是无源之水、无本之木。无论是经济共享还是金融共享，缺乏制度与技术作为保障，往往难以顺利进行下去。共享金融衍生于共享发展理念和共享经济,是一种未来金融业的发展趋势和方向,本质在于优化闲置金融资源的配置。共享金融适应了新时代发展的新要求,但在提升金融资源利用效率的同时,也蕴含着一定风险。

共享金融致力于利用以大数据、云计算、人工智能和区块链为代表的金融科技,让金融发展成果实现全民共享、全面共享、共建共享和渐进共享,缓解普惠金融政策性和商业性上的矛盾。共享金融将来适用的范围更广、政策性更强。

共享金融的风险主要表现为合规风险与技术风险。

第一,合规风险。互联网金融虽不是共享金融的全部,但仍然是共享金融的重要组成部分,在互联网金融风险专项整治的背景下,共享金融面临着较大的合规风险。以P2P网络借贷为例,银监会出台的《网络借贷信息中介机构业务活动管理暂行办法》是P2P网贷平台合规经营的准绳,网贷平台在经营过程中如果无视这些法律准绳,就会逾越非法吸收公众存款、集资诈骗以及擅自设立金融机构等法律红线。

第二,技术风险。共享金融的实现要靠金融科技的广泛运用,而金融科技在提高效率的同时也会滋生新的风险要素。技术风险主要体现在数据安全问题上,大数据拥有庞大的数据库,一旦数据遭到窃取、泄露、非法篡改,将对个人隐私、客户权益、人身安全构成威胁。技术风险还体现在网络安全问题上,互联网金融企业处于开放式的网络通信系统中,一旦遭遇黑客攻击,开展共享金融可能会危及消费者的资金安全。

因此,金融业需要开放共享,但不能无序放开。与其他行业相比,金融更需要信任和信用,更需要规范与约束,更需要稳定与安全。这就必须探索共享金融的最佳技术路径和法律制度的约束。

技术包含什么呢?无非就是新的各种各样的信息技术、新的金融技术。制度是什么呢?包括新的正式规则和非正式规则。正式规则就是指法律层面、政策层面的规则;非正式规则往往指道德文化、自律等层面的规则。

近两年在金融界迅速蹿红的区块链,被寄予数字金融的厚望。国际货币基金组织在首份数字货币报告中指出,区块链"具有改变金融的潜力",因此,可以应用区块链技术创造一个高效、可靠的共享金融平台。

互联网、区块链和大数据等新兴技术是共享金融发展的动力和基础,科技金融是共享金融的实现途径之一。

## 7.3 区块链助力实现共享金融

作为一种去中心化的机制和信用共识机制,区块链有助于推动共享金融的模式不断扩展和演变,从而推动整个现有金融产业链的不同层面都能够进一步实现资源的共享、共赢发展。

首先,区块链去中心化的特性与共享金融的宗旨非常吻合。区块链作为一个去中心化的共享数据账本,本身就为共享金融提供了基础。在这样的基础上,整个金融运作系统可呈现透明和公开,资金使用情况也一目了然,这样无形中会让共享金融变得更加容易。

其次,区块链的智能合约技术能够降低共享金融多方建立契约和执行成本。比如腾讯把智能合约运用于房屋共享和自行租赁等领域,未来智能合约同样可以用在共享金融,给金融行业带来全新的改变。

最后,任何事物想要共享,前提都离不开信用,共享金融更是如此,信用问题是最重要的问题之一。区块链技术能够轻松解决用户的信任问题,打破共享金融的信任障碍。区块链技术实现分散化信任,允许买家和卖家、个人和企业、个人和个人共享和交易,它是一个真正能够实现对等交易和共享金融的平台。利用区块链技术,无需专门的监管部门,每个人都是监管者,诈骗行为此后将无处遁形。

当然,将区块链技术应用于共享金融,必须把有效保护信息作为最重要的技术标准。这是维护金融诚信的要求,也是发展共享金融的要求。

近几年,区块链金融的研发齐头并进。IBM联合全球最大的开源社区Linux共同开发超级账本计划;微软正在研发基于云平台的区块链基础工具;R3联盟正在研究分布式账本技术在金融市场中的跨界应用。一些国家一方面研究如何对抗区块链技术被非法应用,另一方面研发数字货币及行政领域的区块链技术应用。但目前区块链金融的技术瓶颈尚未突破,区块链的"共识算法""加密算法""智能合约"等核心基础技术尚未达到生产级别,无法适应高频次、大流量的金融应用场景。

共享经济是一种还能够持续深化的商业、经济及社会模式,融合区块链技术后,其潜力将得到进一步的释放,将给未来可持续发展社会带来更多的福利。

## 7.4 区块链+共享金融的风险与监管

共享金融强调的是通过大数据支撑下的技术手段和金融创新,构建以资源共享、要素共享、利益共享为特征的金融模式。P2P网络借贷、众筹、消费金融、保险和供应链金融这一系列的金融模式都是为了使金融资源更有效地配置，使得金融消费者的主权能够被体现，也更好地服务于我们所谓的共享型发展道路。

从2015年开始，P2P网络借贷、众筹、消费信贷等的相关风险事件不断爆发，共享金融已经成为影响我国金融稳定和资金安全的领域。因此，在享受时代变迁带给我们红利的同时，必须关注共享金融在风险监管方面的问题，让其能够持续、健康地发展下去，并与传统金融相互协同地发展普惠金融。

由于技术与市场体系的不成熟，以及其中潜藏的巨大风险，目前央行并不认可虚拟货币作为支付工具来使用，银行不接受也不提供相关服务。区块链相关的ICO项目，投资者应该考虑其风险承受力再进行投资，否则可能血本无归。

目前，共享金融在我国乃至国际都属于新兴事物，在我国还处于不断摸索、发展阶段，相应监管体系仍不够完善。虽然至今已经出台了不少相关监管政策，但因为其主要是依托于传统金融监管体系而建立起来的，在实施过程中存在监管体制不匹配、操作性不够强等诸多问题。我国共享金融因为涉及行业范围广、业务类型比较多，普遍存在跨行业、跨机构及业务交叉性强的特点，使银行、证券、保险、第三方支付、电商和核心企业间形成了一种以互联网为基础进行融合和交叉的混业经营方式，这自然出现了与当前分业监管模式的部分错位、监管部门之间职权受限、划分不同。因为较严格的监管必定会产生较高的融资成本，会导致从业者投机取巧，打宽松监管法律的擦边球去开发产品，势必会将投资者暴露在风险之中。

所以，任何一种新兴事物的出现带来好处的同时也伴随着风险，监管部门和投资者需要更谨慎、更理智地全面看待区块链与共享金融的发展趋势和风险防范。

# 第8章

## 区块链数字金融
## ——区块链＋保险

## 8.1　传统保险业务的局限性与发展瓶颈

随着社会的发展和科技的日新月异，在国内运行了近30年的传统保险代理人金字塔模式遇到了前所未有的挑战，行业发展也陷入了瓶颈，对于现行保险营销模式的批判与反思也空前高涨。

保险就是根据合同约定，投保人向保险人支付保费，按照合同的约定对可能发生的事故以及因其发生所造成的财产损失，或当被保险人伤残、死亡或达到合同约定的年龄、期限时，保险人承担赔偿保险金责任的商业保险行为。保险在社会经济和金融行业发挥着重要的作用，既可以对投保人进行经济补偿和风险分散，也可以对经济金融产生的风险管理实现理财保富的目的。

那为什么说传统保险业务具有一定的局限性并遭遇发展瓶颈呢？

第一，保险在参与和理赔的过程中，涉及的主体有个人、企业、保险代理人和经纪人。在理赔的过程中，还会涉及医院、修理厂、银行等第三方机构。因为参与的人多，导致保险投保、理赔效率低下和运营成本高昂。

第二，保险数据以"大数法则"为业务经营基础，利用真实数据精准测算风险发生的概率与预期损失，只有精准的数据测算，才能保证保险业务的持续经营。

第三，保险是以风险为经营对象的行业，在经营过程中要更细致，外部要符合监管部门的要求，内部要建立完善的风险防范机制，做好详尽的核保工作，并制订合理的分保方案，这些需要从业人员的负责任和保险公司制度的不断完善。

第四，虽然保险供给一方的保险公司在供需关系中具有相对的主导权，但在产品设计、销售和理赔等很多环节依然面临挑战，要针对大量的经验数据或者实验室数据进行测算和预估。保险供给的挑战是掌握大量的数据,并且具有相应的计算能力来评估风险,这往往是制约保险供给发展的重要原因。

第五,在销售环节中,除了销售渠道的畅通和专业以外,保险的"中介化"特征大大制约了保险供给。以航空意外险为例,目前市场上销售的30元一份的航空意外保险中,许多保险中介机构所赚取的佣金超过了80%,这不仅制约了保险供给的积极性,也减少了用于投保人身上的保费,长此以往将造成恶性循环。

随着大数据、云计算、人工智能、区块链等技术越来越多地对人类生活和工作方式产生影响,传统保险转型与拥抱新科技已成为必然。如果把保险划分阶段,互联网保险1.0时代,仅仅是将互联网作为保险销售的渠道之一;2.0时代则是保险全流程的互联网化;而3.0时代则产生了质的飞跃,是保险与互联网的深度融合,呈现出完全不同的业态。未来如果再与区块链和大数据、云计算合作,保险行业才能摆脱传统的局限性,突破发展瓶颈。

## 8.2 区块链技术突破保险局限性

据普华永道的不完全统计,目前全球正在进行的区块链应用场景探索中,有20%以上涉及保险。在分析人士看来,将信任视为核心价值主张的保险行业与天生携带信任基因的区块链技术就是"天生一对",保险将因为大面积植入区块链而发生颠覆性变革。

区块链技术的去中心化、数据不可篡改、共识机制和交易可追溯等特性,能够对传统保险进行赋能,使其突破局限性。

第一，区块链技术能够保障保险信息安全水平。保险数据存储在区块链的分布式账本（链式）结构中，不但能够防伪造和防篡改，而且能对电子保险合同的数据进行保全与存证。同时，区块链的非对称加密算法能够防控保险客户信息泄露，可以保障消费者个人隐私权利更好地落实。

第二，保险行业需要非常大的监督力度才能使资金流向透明和数据不被篡改，资金的去处和用途等才有迹可查。区块链技术正好可以使得保险数据被完好保存，因为很难被篡改，所以真正提升了保险监督效力，使监管部门能以较低的成本，更有效地监管保险行业的运行状态，及时监督保险资金流向和使用途径，提早防范保险欺诈，进一步提高了监管的针对性和效力。

第三，区块链智能合约机制可以在无人干预的情况下自动执行程序，提高保险智能化运行，可以开发更多触发赔付型的保险产品，实现自动化理赔，减少大量人工操作和中间环节，不但使赔付效率得到提升，而且节约运营费用。区块链智能合约保证了保险合同、条款的公开透明，一旦满足理赔条件便自动触发赔款流程，由此大大提高用户的获得感与体验度。

第四，区块链技术的共识机制可以建立起保险机构和消费者合作信任的基石。通过使保险企业的信息和资金流转高度透明，消费者的信任度不断提升。同时将保险合同操作细节记录在区块链上，作为双方履行告知、说明义务的证据，有效减少了后期保险公司和消费者出现的理赔纠纷。运用区块链的去中心化与共识机制，客户可以在平台上自己的入口轻松下单，后期数据都会实现自动更新，不仅智能合约可将纸质合同转变为可编程代码，而且保险理赔在智能合约下自动发生，同时，区块链是天生的"记账专家"，赔偿标的价值可以追本溯源，并实现永久性审计跟踪。

第五，区块链技术可以促进保险公司产品开发的深度与广度。虽然互联网时代，保险产品由线下搬到了线上，但保险产品依旧停留在卖方层面。如果有了区块链的参与，可以将用户信息、保单信息和理赔记录储存起来，通过区块链计算和挖掘数据价值，服务于保险产品的开发，并且可以清晰地研判客户的需求，依据买方需求开发出更多有效产品，实现产品的快速迭代和演进。这样就使产品有了弹性，可以提高资金的配置效率。保险可以根据时间和空间来提供临时性保障，比如春季和冬季的保障是不一样的。这种柔性赔付机制，可以使保险公司更好地分布存量资金，也能提高赔付的精准度。

第六，区块链技术能够帮助保险公司有效识别优质客户，防控客户的道德风险。在区块链有效记录数据的情况下，就能在很大程度上避免骗保风险。之所以有骗保行为，是因为人们能够利用保险公司信息不对称的漏洞钻了法律的空子，而且索赔到理赔的过程非常缓慢，需由不同部门出具文件和鉴定，这样就为那些骗保的人提供了机会。欺诈风险不仅仅发生在承保人与保险公司之间，各个保险公司都有自己的中介，中介组织可能利用结算不及时的时间差与客户"合谋"造假，以达到骗保的目的，由此给保险公司造成巨大损失。区块链技术可以在记录人的身份信息、医疗记录和资产信息记录时进行验证，做到核保、核赔时实现十分准确的判断。同时，区块链存储用户数据即客户信息独立于承保人存在，数据能够通过客户的公共密钥让第三方获得，保险公司就可以根据完善的行为记录将传统理赔过程中一票多报、虚报虚抵等欺诈行为挡在门外。

第七，区块链可以让保险机构与其他相关机构和组织之间数据共享。保险并不是一个独立的行业，会与很多行业关联，比如健康险会涉及医疗机构，财险涉及城建和房管部门，车险涉及交管部门等，而这些部门与部门之间的数据存在割裂和不能互通的状况，特别是保险公司本着对客户保密的商业原则，更是不愿意将信息资源透露给相关服务提供商与行政机构，因此极大限制了数据资源的开发空间。区块链技术可以让这些相关部门实现数据共享，形成共赢互惠的效果，因为区块链存在非对称加密机制，即信息获取方要获得对方完整信息必须同时取得对方的"密钥"许可，这样也就不会存在信息泄露的风险。

## 8.3 区块链技术如何赋能保险业

保险作为传统金融领域非常重要的风险对冲工具，发展日渐成熟，也是组成金融系统不可或缺的重要部分，区块链赋能保险行业也会对整个金融业发展起到非常重要的作用。随着2021年去中心化金融的快速发展，区块链及智能合约技术的快速创新，保险业被视作有价值的区块链落地场景之一。

当前，无论是传统的国有保险机构还是互联网保险公司，都积极对区块链技术进行尝试。目前，区块链技术在保险领域的应用有平台构建、保险产品设计、增值服务、理赔和监管五个部分。

**（1）区块链技术用于保险领域的平台构建**

比如，Etherisc是基于区块链的去中心化保险应用平台，旨在利用区块链技术提高保险购买和销售的效率，降低运营成本，提高行业透明度，并实现再保险的民主化设计。通过一个点对点的风险平台为市场提供去中心化服务，帮助保险回归作为社会安全网络的根基。Etherisc的目标是在新兴的区块链经济中成为一个合规的、完全许可的保险平台。

泰康在线于2017年8月便开始搭建基于Fabric区块链技术的"反飞蛾"联盟

平台，到2017年10月顺利搭建完成并开始对接联盟成员。泰康在线"反飞蛾"项目的设计思路，就是在数据共享的基础上，根据智能合约，界定用户在投保时是否具有投保资格和可购买保单金额，既保护了用户隐私，又能在源头上杜绝一系列欺诈行为的发生。

**（2）区块链技术用于保险产品设计**

人们对于保险的需求各式各样，所以保险产品的设计也应该因人而异，有更好的匹配性。比如，蓝石科技与科技保险平台合作，利用大数据＋区块链的底层技术，建立了针对非标人群的风险精算和风险管理平台。同时，与各地卫生健康委员会、三甲医院、专业医疗机构合作，接入了多地、多家医疗机构，建立了国内最大规模的、服务于保险场景的联盟链，获取了大量精准的医疗及费用数据，并基于对这些数据的精准分析，在国内首家推出癌症患者带癌投保的抗癌险，为65岁老人、慢病治疗人群等提供了多款差异化保险产品。

**（3）区块链技术为保险行业打造增值服务**

2016年，阳光保险开始对区块链技术应用进行尝试，推出了以区块链为底层技术架构的积分平台"阳光贝"。"阳光贝"是阳光保险回馈投保人的一种积分方式。与传统积分不同，"阳光贝"可在除阳光保险外的其他商家平台兑换奖品，也可通过微信在朋友间转让、分享。"阳光贝"积分服务以区块链技术为底层架构，以公司间联盟区块链为组织形式，使链中各成员公司都能参与交易验证、账本存储和实时清算，实现了公司间积分发行、兑换的互联互通。

2017年8月，信美人寿相互保险社上线国内保险业首个爱心救助账户，运用区块链技术记账，实现相互保险。信美会员遭遇重大灾害、意外事故等，在得到现有保障及援助（包括社会统筹保险、商业保险等）后仍生活困难的，还可以申请爱心救助账户的额外救助。引入区块链技术，每笔资金流向都公开透明，每笔资金流转数据都不可篡改，每笔资金的去处和用途都有迹可查，以确保爱心救助账户的透明性。

**（4）区块链技术助力保险理赔**

传统保险之所以会让不少客户失去信任，多数是因为理赔并不顺畅导致的。我国保险业一直保持着粗放式的管理和成长模式，把争抢市场份额作为经营手段之一而忽视客户体验。区块链的出现能对保险理赔进行大大改观。区块链具有储存信息与高保密性的特点，能够让保险公司以更低的成本实现信息共享、深度挖掘与识别骗保行为。保险公司在实现更高利润率的同时，还能为客户提供更加优质的服务，使得理赔过程变得舒心、顺畅。

2018年，安联集团、慕尼黑再保险公司、瑞士再保险公司、苏黎世保险公司、全球保险集团等共同组建了B3i Services AG公司，该公司基于分布式分类账技术推出保险行业的解决方案及软件产品，以帮助保险业加快业务进度和提高透明度。同时，B3i Services AG公司还在2019年7月推出了第一个面向再保险市场的应用程序——巨灾超额损失管理系统。

**（5）区块链技术使保险行业监管得到提升**

区块链采用多方验证的交互式共识平台，能够提高交易主体的信任机制，实现区块链业务间的自我监管，可减轻保险监管的压力。但与此同时，保险监管的内容也必须进行相应调整，确保相关技术和平台不存在纰漏以及恶意欺骗的系统和交易记录。

上海保险交易所作为银保监会直接管理的机构，早在2017年就发布了区块链底层技术平台"保交链"。"保交链"的定位为保险全行业交易的底层区块链基础设施，通过区块链的特性构建安全、高效的保险交易环境。

## 8.4 区块链与人身险、车险及再保险

区块链在人身险、车险以及再保险方面也越来越被重视。

**（1）区块链与人身险**

借助大数据、云计算、区块链等实现保险产品的差异化、个性化定制，防范道德风险，是人身险业的一项重大课题。人身险作为保险中的一个重要险种，对客户来说非常重要，关乎健康甚至生命。人身险是以人的生命或身体为保险标的，在被保险人的生命或身体发生保险事故或保险期满时，依照保险合同的规定，由保险人向被保险人或受益人给付保险金的保险形式。人身险包括人寿保险、伤害保险、健康保险三种。传统人身险有两个痛点，一是保费公平，二是逆向选择。所谓保费公平是生活习惯和健康状况不一样的人交的保费却是一样的数额，这样不利于吸引更多的人去购买保险。所谓逆向选择就是很多投保人在身体出现问题或发生保险事故之后才想去投保以获得赔偿，这样不但增加自身的道德风险，还会增加保险公司的赔偿概率。另外，很多人身险规定投保人在生病的时候先去就诊，自己付医药费，然后再去理赔。如果能把保险公司和医院通过用户进行关联对接，不改变就医的流程但结账的时候直接由保险公司付款，这样的服务就能极大地提升用户体验。而且不但能够提升保险赔付的效率，还可以降低保险欺诈的发生。

区块链对于传统人身险以上这些痛点的解决思路是，可以将医疗机构、保险机构、监管机构、支付机构等保险参与方形成联盟，依托该联盟组建基于区块链的共享信息平台。在保护个人隐私的前提下，将医院电子病历与病人身份绑定，统一管理病人的信息，防止病历被篡改。在区块链上记录和存储的医疗健康数据，并不只属于某个中心化的机构，这些数据是被加密的、匿名的、不

可篡改的，而且是可编程的。这些特征保证了个人医疗健康数据的隐私和所有权均可受到良好保护。它可以授权用户合法地利用这些数据，但不能私自占有数据，也不能非法篡改数据。由此，基于区块链构建一种去中心化的健康数据存储方式，能更好地保护个人隐私，就算是医生也要在患者授权下访问；患者本人也能利用用户身份标识符或公开密钥，实时获得自己想了解的健康信息。在患者自愿或同意的基础上，区块链技术可使个人医疗健康数据安全记录、存储和共享，从而实现跨医疗机构、跨地区乃至跨国家的医疗健康数据的共享和协作。用户可以基于数字资产实现任意维度的数据协同和隐私保护，做到用户数据在医疗机构、体检机构、基因检测机构、互联网医疗机构、保险公司等机构流转过程中的自主信息分享与利用。

保险公司经用户授权可以访问用户的医疗健康数据，提供个性化的保险方案，在保险理赔环节，用户在持有保险数字资产的情况下去医院就诊，挂号的时候产生的医疗数字资产可以由用户主动授权关联，在隐私安全得以保障的前提下直接由医疗数字资产付款事件触发保险数字资产理赔；保险公司基于区块链可以查询其他医疗机构、保险公司等输出的单向加密结果，识别商保欺诈，如重复理赔等。通过区块链技术实现信息全程可追溯、可审计，可以在医疗事故发生后协助相关监管机构调查取证。同时，可以基于数据共享提高救治效率，并为医疗研究机构提供宝贵的科研资料，促进医疗水平的提升。

区块链与人身险方面的应用案例就是众安科技与通策医疗投资股份有限公司达成合作，双方基于众安科技区块链Annchain与通策云实现医疗数据同步上链，将数据的掌控权交给患者，为医疗数据隐私保护与互联互通探索解决方案。众安自主研发的Annchain是最主要的成果之一，也成为众安科技区块链开拓之路上的"利器"。经过多个金融生产环境的验证后，Annchain能够满足金融业务对数据一致性、安全、稳定可靠等方面的要求，是工信部首批三大开源链之一，也是首批通过《区块链参考架构》符合参考架构测试的5个产品之一。众安科技联合通策医疗、医链科技、众安生命等医疗健康行业各方参与者，共同发起了"医疗健康区块链联盟"，旨在链接医疗机构、药企、基因检测机构、保险公司等合作伙伴，运用区块链、人工智能等技术激活可交换医疗健康信息的真正价值。

**（2）区块链与车险**

随着经济不断发展、人民生活品质不断提升，车辆也在不断增加，车与车之间的数据处理的压力很大。在保险方面，由于车辆增多，车险占据了财险公司原保费收入的一半以上，车险成为财险公司的主力，但利润却并不尽如人意。车险费用高、理赔过程曲折（车险的传统赔付流程：事故发生→告知保险公司→现场勘察→定损→修理→提交理赔单证→获得赔偿。据统计，维修费用在车险全部赔付款中占比超过70%）。在传统的车险赔付流程中，依靠人工定损容易发生不客观的定价问题，并且配件价格不透明，也会导致赔付过程中容易发生骗保事件。例如，车主夸大损失事实，对只需要修复的零部件进行更换处理。而4S店往往乐于配合车主，这导致车险赔付额增加。因此，确定事故的真实性与合理性，进而准确理赔和规避保险诈骗，都是汽车保险理赔面临的难题。

作为物联网重要的一部分，车联网实际上相当于汽车的数据生态系统，不断有新车加入网络，并进行大数据连接。区块链技术的出现，为车联网带来不可篡改且保证透明度和真实性的账本，有效、安全、保密地记录车主的行驶数据和行为。

2018年4月，蚂蚁金服技术实验室、支付宝同时宣布，发布全球首款区块链喷漆Block 7，喷谁谁上链！区块链链上汽车喷漆就是工业制造＋区块链的最好证明。具体操作是：司机将这款漆喷在车上，微粒自动结合成纳米管，形成纳米级电路，感应采集车身数据，生成区块。也就是说，只要你把这款漆喷在车身表面，全车身就接入区块链，你的车就变成了区块链上的节点。从此，车身的每一个表面都因区块链而互相连接，加上人工智能，它们将能彼此对话，彼此信任！遇上疑似"碰瓷党"，汽车上的各种传感器会自动将本车车体形变、行人间距、视频记录做好数据安全转换后上链，同时请求附近上链的汽车、智能路灯、摄像头等交通设施联合作证，将多维度捕捉到的现场信息加签名后上链，多方交叉验证，迅速还原真实现场。一旦车辆发生事故，基于保险数字资产的智能合约就会触发，开始进入理赔阶段。车损发生的地点、损失部位、损失程度等关键信息将实时传输到保险公司，零件究竟是需要修复还是更换都可以被准确判定。通过区块链技术储存，智能合约可以指定车主修车地点，避开投保人自行选择维修厂，控制理赔费用的支出，在一定程度上降低骗保的可能性。

（3）区块链与再保险

再保险亦称"分保"，是指保险人在原保险合同的基础上，通过签订分保合同，将其所承保的部分风险和责任向其他保险人进行保险的行为。再保险的基础是原保险，再保险的产生正是基于原保险人经营中分散风险的需要。在再保险交易中，分出业务的公司称为原保险人或分出公司，接受业务的公司称为再保险人或分保接受人或分入公司。根据《中华人民共和国保险法》第99条规定："保险公司对每一危险单位，即对一次保险事故可能造成的最大损失范围所承担的责任，不得超过其实有资本金加公积金总和的百分之十，超过的部分，应当办理再保险。"

传统的再保险交易，呈现为复杂的金字塔形状结构。直保方、共保体、再保方、经纪人等多层、多主体参与交易，交易结算复杂，并涉及信用管理的问题。长期以来，再保险行业存在两大问题：第一，交易双方信息不对称引发道德风险；第二，交易信息化水平低引发操作风险。

所以，中再集团、汉诺威再保险、德国通用再保险、众安保险、众安科技、英特尔公司等共同发布《再保险区块链（RIC）白皮书》。该《白皮书》是我国首个经过实验验证的再保险区块链指导性纲要，全面、系统地分析了再保险区块链的商业价值、应用场景、设计理念和实现方案，对解决再保险行业面临的痛点、实现再保险区块链应用落地具有指导意义。其中，中再集团、汉诺威再保险、德国通用保险三家再保险公司和众安保险一家直保公司分别提供业务支持，众安科技提供技术支持，再保、直保和平台技术方三方共同面向业内首次共享对再保险区块链的研究与应用。该《白皮书》指出，区块链具有去中心化、开放性、独立性、安全性和匿名性等特征，能够解决现有再保险业务流程中存在的两大问题：第一，有效消除双方的信息不对称，有助于拆开再保险交易的黑盒；第二，大幅提高再保险交易的信息化水平，推进流程智能化进程。再保险公司查看相关的保单数据，并以此给出报价；经过线上协调，完成再保险合约的签订；根据再保险合约自动计算佣金、理赔金额，并出具账单。结合区块链技术可以实现再保险合约线上协商、签订与存证、账单处理等功能。

## 8.5 区块链在保险业的挑战与前景

目前区块链在保险行业虽然开始显露出一定的成效，但距离大规模应用还有一段很长的路要走。区块链保险所显现出来的巨大市场是它前进路上的最大动力。不管是基于信用的证明还是保险产品的设计应用，抑或是智能合约基础上的自动和自主的执行机制，这些都将成为巨大牵引力，让区块链保险业务不断克服现有的制约因素，一步步走向成熟。未来区块链能够助力保险业务，帮助保险企业了解老百姓的保险需求，开发出解决老百姓问题、满足社会需要的产品。

目前来看，区块链在保险业的前景可以有以下几个方面。

**（1）区块链技术能够提升客户对保险的认知**

基于区块链的客户信息数字化管理，可以简化用户的投保流程，提高保险机构风控能力。如果未来区块链技术能够将个人出生证明、健康证明、就医证明等关联起来形成公民电子健康记录系统，个人因为有了理赔保障和对于保险更加透明化的理解，那么就会改变以往对于保险的认知。

**（2）区块链参与保险业将对健康险的变革起到积极的推动作用**

在区块链上，患者的电子健康数据会被多方授权建立、追加、分享，整个医疗行业的效率和透明度将会被重塑，而数据真正的掌握者则将变成患者本人，而不是被某个医院或第三方机构掌握，每个人能够成为自己数据的主人，新型医患关系也将重新建立，应用前景十分广阔。用区块链技术来进行保存，就有了个人医疗的历史数据，看病也好，对自己的健康做规划也好，就有历史数据可供使用。随着可穿戴设备的出现，消费者开始意识到主动管理自己的健康、医疗及保险的重要性。运用区块链技术将运动、健身、保健、医疗及保险数据结合，将在充分保护用户隐私的前提下，对现有健康险的定价、理赔等流程带来重要影响。

**（3）区块链技术将对保险行业的再保险变革起到积极的推动作用**

再保险流程中仍存在很多手工、邮件处理的传统方式。再保险业采用区块链技术可以将大部分业务流程自动化，减少人为错误，节省劳动成本，为企业节省15%～20%的营运费用。

**（4）区块链技术能够打破保险企业之间的数据孤岛，将保险数据实现安全存储与共享**

区块链被誉为"可信的连接平台"，其开放性与数据难篡改的特性天然地契合保险业的需求，有助于实现保险与相关行业间信息安全、有效、真实地共享与交互，有利于降低保险业的信息验证成本、提升保险行业的经营效率、推动保险产品创新，具有不可限量的应用前景。

2018年8月，中国保信立项建设，数秦科技开发部署，保险公司参与，推出了"保险行业信息联盟链"，这一区块链平台促进保险行业信息跨底域互通、跨企业互通，打破数据孤岛，助力保险行业实现个人保险服务"承保—出单—签收—保全—理赔"的全流程电子化，帮助保险公司进行数字化转型。该联盟链平台在"2018年中国金融科技年会"上获得"金融行业产品创新突出贡献奖"。

虽然区块链技术在保险行业的应用前景很值得期待，但该技术仍存在以下挑战。

**（1）来自区块链技术自身发展带来的不确定性**

虽然区块链技术处于人人看好的阶段，但由于其技术并不成熟，只是起步和开发阶段，数据存储空间受限、耗能高、大规模交易如何处理效率等都需要解决。区块链客户端安全性和加密算法的安全性问题需要得到彻底解决才能应对未来的应用。要不然在执行的过程中，任何技术上和安全上的失误都会给保险业带来巨大的损失。

**（2）来自区块链保险在运用中的速率和存储空间挑战**

目前区块链保险的运用主要在于智能合同上的突破，如我国保险市场上已经推出的区块链航空意外保险卡单等，这类金额小但频率高的保险合同首先结合区块链技术，将会带来交易速率和存储空间的问题，在技术无法突破的情况下将限制区块链技术的运用。

**（3）来自保险监管方面的挑战**

区块链保险监管会由原来的制度监管变成技术监管，从之前的政府监管慢慢变成行业自律，从公司合规监管变成社会性监管。这样的转变看似好事，但如果技术不成熟会带来新的问题和风险，所以未来这方面的挑战依然存在。保险业客观上有严格的监管要求，区块链电子凭证的法律效应和规范目前缺乏明确的监管细则，仍待监管方评估相关保险创新并给予适当的监管和规范。

**（4）来自数据治理规则制定的挑战**

由于未来区块链保险会链接其他很多部门，信息沉淀需要以大量参与方提供的信息作为基础，需要各方制定合理的区块链治理规则，以减少共享数据的过程中对数据使用不当或数据损毁的情况发生。另外，运用人工智能技术，综合分析保险场景数据与链上数据，分析结果可能存在差异性，仍需探索数据应用管理和融合的长效性。

# 第9章

## 区块链数字金融
## ——区块链+证券

## 9.1 证券业的发展趋势与面临的挑战

证券业作为国家金融领域的龙头行业，发展得好与不好对经济增长起着非常重要的作用。2018年以来，A股市场表现不佳，在经济增长放缓、去杠杆以及中美贸易争端等多种宏观因素的影响下，证券行业波动加剧，收入不断下滑、利润空间缩窄，行业分化，马太效应凸显。目前来看，我国证券业已进入拐点，数字化和金融科技带来颠覆性变革。

互联网时代，证券业务环境将发生四大变化：

① 最终用户加快向互联网、移动互联网迁移，使包括证券在内的传统金融服务进一步自助化和碎片化。

② 金融需求逐步产品化，以及金融产品的逐步标准化。

③ 互联网科技公司借助技术、数据优势，在金融领域发起跨界竞争。

④ 具备显著成本优势的电子商务正对传统商业模式形成替代，也为券商业务结构多元化提供了出路。

股市在技术方面明显落后于其他金融领域的发展，而且它必须执行数字化转型，以保持相关性，并降低成本、限制和复杂性。

从发展的趋势来看，证券业未来面临着以下挑战。

① 行业分化整合。未来的证券行业将形成大型全能券商与特色精品券商共存的格局。

② 投资者机构化提速，对券商行业专业度和产品服务的丰富多样性有了更高的要求，证券行业必须对此有一定的应对办法。

③ 对券商的风险管理能力要求更高，重资本业务能力将成为核心竞争力，要求券商具备更强的资产获取和风险定价能力。

④ 数字金融的发展将会使证券行业实现全面数字化，端到端数字化和金融科技的应用将成为行业常态，要求券商从组织、人才、理念等方面进行全方位的数字化转型。

⑤ 运营智能化：行业业绩下滑，合规成本上升，券商必须持续降本增效，推进运营智能化；券商应明确差异化战略方向、打造有特色的业务模式、拥抱数字化和金融科技、精细化运营、规避管理和经营风险以及重塑组织和文化，积极转型求发展。

证券行业正面临着行业同质化严重、外资银行开放进入、合规风控能力亟待提升以及新冠肺炎疫情影响冲击等挑战，但随着数字化转型和金融科技的发展，区块链等一系列新兴技术的崛起，证券公司纷纷在布局优化客户体验、提升员工协作效率、优化运营流程、变革产品和服务等方面发力，利用金融科技赋能业务，着重打造定价能力、风险评估、风险决策、风险经营等，提升风控水平，形成核心竞争力。

区块链技术在降低股票市场成本和降低风险方面潜力无限。区块链既具有足够的透明度，以确保民主、知名度和诚实度，同时又足够安全私密，可以保护企业和投资者。该技术有助于消除目前影响当今全球股市的中间层，管理和调和步骤。

## 9.2 区块链可以加速资产证券化

如何让区块链这项技术真正地发挥商业价值，很多企业都在探索。除了数字货币，区块链还有很多应用场景，资产证券化就是其中之一。甚至有观点认为，资产证券化是区块链技术的最佳应用场景。所谓的资产证券化，具体可以有以下几个基本的细分场景。

### （1）贸易融资资产证券化

国内贸易融资资产证券化业务既能够有效解决中小企业融资难问题，又能够推动商业银行的持续发展，因为银行信用的介入，基础资产信用质量较高，故在近期发展迅速。适合作资产证券化的贸易金融基础资产类型有信用证、保理、保函和票据等，区块链技术可以降低这些资产贸易背景的真实性风险，有效提高票据市场风险的防控能力，保障票据资产证券化产品的安全性与真实性。

### （2）消费金融资产证券化

消费金融类贷款具有单笔金额小、分散度高、期限短、超额利差丰厚等特征，具备良好的资产证券化特质，是我国资产证券化市场重要的基础资产类型之一。随着我国居民消费观念的转变，越来越多的消费金融类贷款细分领域不断迸发，但快速发展的同时风险事件也频繁暴露。区块链技术可以拓宽消费金融行业发展空间，防范行业风险并促进消费金融行业保持高速增长态势。

### （3）固定资产证券化

包括房产、生产企业的固定资产等，通过借助区块链技术，可以将其中的价值进行数字化，形成区块链价值传递适用的环境，进而实现一定范围内的通证和代币，进行证券化的交易买卖，实现资产证券化的效果。

### （4）公司组织收益证券化

当下的ICO（Initial Coin Offering，首次币发行）更加接近这种类型，股权（ICO项目负责人团队拥有的部分代币可以近似理解为股权）、收益权、分红权、代币流通增值收益权等，可以借助区块链技术和代币，实现公司组织从事经济活动、未来收益，以及延伸收益的证券化，实现自有的流通。

**（5）供应流通资产证券化**

包括汽车金融，大宗货物如石油、钢材、塑料等资产，可以借助区块链技术，在流通体系内部的参与者主体中发行代币，从而提高流通效率，加速资产价值的流转速度。

**（6）消费权益证券化**

类似于商业活动中的会员消费积分体系、销售激励机制，以及类分销（微商）代理销售体系中的区块链化，将消费者的消费返现，中间商的代理销售权益转化成为内部体系可以流通的代币，参与价值的流转，并进行价值的二次增值。

区块链与资产证券化的日益结合，受到了国内互联网巨头们的普遍重视。京东金融推出基于区块链技术的资产证券化云工厂底层资产管理系统，这是区块链技术首次落地资产证券化领域；"百度—长安新生—天风第一期资产支持专项计划"获得上海证券交易所出具的无异议函，成为了国内首单运用区块链技术的交易所资产证券化产品，百度金融为此搭建了一个区块链服务端，将该项目的各参与机构均引作了区块链上的一个节点。

区块链技术保证了数据的不可篡改性。一方面，在链式数据结构中，所有数据区块环环相扣，为了修改一个数据区块，需要修改这个区块后面的所有区块，工作量很大；另一方面，因为分布式存储，只有控制了所有节点的50%以上，才有可能形成共识，写入假数据，在互联网时代，控制50%的节点几乎是不可能完成的任务。

在资产证券化过程中，如果将所有的资产信息与现金流全部写入区块链，尤其具有价值，它能够让资产证券化项目涉及的众多参与方"看透"底层资产，从而解决信息不对称问题，促进彼此之间的信任，让主体信用评级和项目信用评级真正地实现分离。

区块链技术的介入将减轻信息不对称以及带来的风险，提高投资者的意愿并降低其不确定的风险。也因为更完整的信息、更有效率的操作以及去中介化的交易，使成本大大降低，价格的透明也令差价更优化。

资产证券化将有更好、更稳定的发展，优质的资产供应量会增加，证券化的操作更简易，交易市场更蓬勃，信贷的成本也会降低，有助于经济更稳定发展。

要达到完全的区块链+还有很远的路要走，业内人士以及监管机构应该小步快跑，以小心求证的心态去面对，先从小范围来试点，再进一步推广，使更多资产加入区块链+资产证券化。问题虽然很多，不同类别、不同行业的资产，数字化如何统一，智能合约如何根据不同需求制定等都充满挑战，但只要大家齐心协力向前走，一定会为行业带来新的突破。

## 9.3 区块链技术在证券市场的应用分析

从全球范围来看，各大证券交易所纷纷着手搭建区块链平台，探索区块链应用。结合我国场内和场外市场的发展现状，区块链技术在证券业的应用会是一个循序渐进的过程。证券市场将受到区块链技术的深刻影响和冲击，证券发行与交易、结算清算、司法监管等各流程环节均可依托区块链技术加以重新设计和简化。

区块链技术可使证券交易流程变得更加公开、透明和富有效率。通过开放、共享、分布式的网络系统构造参与证券交易的节点,使得原本高度依赖中介的传统交易模式变为分散、自治、安全、高效的点对点网络交易模式,这种革命性的交易模式不仅能大幅度减少证券交易成本和提高市场运转的效率,而且还能减少暗箱操作与内幕交易等违规行为,有利于证券发行者和监管部门维护市场秩序。

区块链在证券市场的应用具体表现如下。

(1)帮助证券体系结构改革

证券体系的最大特点是通过第三方中介机构作担保,帮助人们实现价值交换。而区块链的共识机制和不可篡改性能够将依赖第三方的中心化向"弱中心化"转变,这给证券业带来新的发展可能。私募股权管理、公募证券发行交易可以通过区块链技术被重新设计和优化。

(2)可以实现私募证券电子化

未来公司上市的工商部门第三方协议、股东名册和股权资产证明等都可以替代纸质文件作为证券资产的自治电子化载体,实现私募证券的登记和流通。从历史发展的趋势来看,股东名册与记载其他类型信息数据的账本一样,只要技术手段允许,必然会朝着无纸化和非人工化的方向发展。例如,在20世纪60年代之前,在证券交易所上市发行的股票采用纸质股票和人工手动记账方式进行交易,后来随着上市公司的增多和股票发行交易频次的快速增加,上市公司在中央证券存管系统的电子账目实现了证券登记的无纸化。区块链可以采用分布式账本记录股权信息,作为股权登记的电子凭证,在不依赖第三方公信机构的情况下实现证券登记的无纸化。同时,充分利用区块链账本的安全透明、不可篡改、易于跟踪等特点,记录公司股权及其变更历史,使股权登记证明更加高效可信。

### (3) 可以推进"电子化"和"无纸化"的进程

前文讲过,未来私募证券电子化将成为趋势,未来电子化账簿形成登记股票的所有权,证券交易的交收和过户不必再以实物证券的移动和背书来实现,而只需对簿记记录进行更新和维护,实现了证券的无纸化和非移动支付。区块链上的任何资产天然就是以无纸化和非移动形式交收的,能做到在没有中央机构的条件下的登记和电子账本维护,这能节约大量成本,并且可以通过智能合约实现分红派息、禁售限制等,减少人工操作。

### (4) 可以重塑证券市场的清结算体系

清结算体系作为证券交易体系中最核心的部分,是一个非常复杂的过程。传统的清结算流程成本高、程序杂、效率低,是各国金融证券领域的通病。尤其在清结算的时候需要借助第三方存管机构,所以流程周期冗长。因此国际上主流证券交易所的清算周期都在T+1日到T+3日不等。清结算的集中统一度不高,进一步加剧了数据和流程统一的难度。在清结算的过程中又加入了人工干预环节,这让整个过程面临操作风险。为统一各个参与方对交易的确认意见,往往需要对交易记录进行人工核对和调整。对于某些大宗商品、衍生品和银行同业资产的交易来说,一些甚至依然以纸质文件操作为主,这些市场亟待进行"无纸化"和"电子化"改造。区块链的共享、可信、可追溯的特点在清算结算领域具备显著优势,可以提高整个体系的效率和安全性,降低清算与结算的交易成本,减少手工流程,避免操作风险。区块链上的数据运行规则公开透明,链上操作记录全程留痕,可有效解决当前场外市场证券发行与交易、数据披露、资金托管等方面的信息不对称问题,对于加强市场稳定性建设、改进市场监督管理机制具有重要作用。

### （5）实现实时全额结算，节省大量成本

因为区块链技术属于共享一致的账本，在清结算的时候几乎可以在同一时间完成，这样就能够节省大量的成本。当然，目前的主要瓶颈还是区块链难以承载高强度的交易规模，因此在现有技术条件下只适用于一些小规模的市场交易，只能在小型股权市场进行试验。

### （6）推动证券市场的智能化进程

目前，证券市场的许多金融交易仍旧需要人工干预，智能合约可以把许多复杂的金融合约条款写入计算机程序，当发生了满足合约条款中的条件行为时，将自动触发接受、存储和发送等后续行动，实现交易的智能化。

## 9.4　区块链在证券交易过程中的应用

信息不对称造成的成本浪费一直是困扰金融市场发展的重大难题。尤其在证券行业，全球证券市场行权成本、结算成本、托管成本和担保成本一直居高不下，交易后流程数据及分析成本也是同样，这样就会造成交易效率低下、价格发现机制错位、流通性差等问题。所以，如果区块链能够在交易的过程中赋能证券行业，将会对证券业产生非常大的影响。

区块链技术在证券市场中的应用存在巨大潜力，证券市场的各个领域，包括证券的发行与交易、清算结算、股东投票等，都可以实现与区块链技术的无缝对接，从而提高效率、缩短处理时间、加大透明度、降低成本和确保安全。因此，证券市场是区块链天然适合的应用领域，两者的契合度非常高。

区块链具体应用在证券交易方面主要体现出哪些优势呢？

### （1）区块链能够降低场外交易风险

场外交易风险一般体现在场外配资方面，配资公司将自有资金和从市场募集来的资金通过平台借给投资者，实现投资者的杠杆交易。说得直白些就是"借钱炒股"，就风险层面来看，不正规的配资平台不仅违法违规，还会给参与的散户投资者带来极大的投资风险。配资本质上是通过杠杆化融资扩大资金量，当股价上涨时，配资放大赚钱效应，反之，在高杠杆作用下也会放大损失。"场外"风险主要指的是配资平台存在风险。配资公司缺乏风险控制能力，且一般不受监管机构认可，场外配资方资金链断裂、关闭跑路的情况时有发生。甚至一些不法分子会打着场外配资的名义，进行集资诈骗的违法犯罪活动。

区块链技术能够实现类似中央证券机构承担的数据中心职能、信用担保职能和强制执行职能，在整个交易系统中，由于录入区块链的数据不可撤销并且有公示效果，因此交易的发生和所有权的确认不会有任何争议。撮合成交的交易双方通过加密后的数字签名发布交易指令，通过加密算法验证数字签名、数字交易有效性及交易方账户资金偿付能力，此后交易将被记录到共享账簿当中，并加盖时间戳。区块链机制保证了交易的真实性、完整性，交易不会轻易被篡改，便于确认和追踪，由此实现了数据中心的信用担保职能。任何市场参与者可能的违约风险，均能够被结算清算机制消化，而不会扩散到整个市场。因为无法篡改，所以能够降低系统平台的风险，承担了强制实行和监督的职能，保证金融体系稳定和场外业务的健康发展。

### （2）区块链可以简化交易流程，提升效率并创造价值

我国的证券市场体系是一个复杂又多层次的体系，为满足不同资质企业的多元化融资需求，区块链可以建立起方式多样、监管灵活的证券发行市场体

系，以便吸纳更多初创公司挂牌发行证券并进行交易，有利于资本市场的健康发展。区块链技术可以为不同的中小企业建立全网透明、主体匿名方式记录、管理和保存的信息，通过智能合约设定证券公开、非公开的发行方式，并设立监管节点进行不同主体的差异化监管，逐步建立起包括私募发行、小额发行豁免制度在内的多层次证券发行体系，整体上加速证券发行流程。

### （3）区块链技术能有效降低交易时间

在证券交易中，一般有开户、委托、成交和结算这几个阶段，涉及券商、投资者、银行、结算机构和交易机构等，每一笔交易发生都要经过相关方往来和协调才能完成，这样会让交易时间拉长，耗费大量的人力和物力。区块链是一个总账，各节点都能通过共识机制确认交易的真实有效性，交易一旦确定并进入总账，各节点即通过共识机制确认交易的真实有效性，并完成资金的划拨以及证券的交割，整个过程可缩减至数分钟，大大缩短了清算时间，减少了结算风险。

### （4）区块链技术构建区域股权市场间的联动机制

证券市场的参与主体多，市场具有分散性和区域性特点，这样会限制其市场功能的发挥，各地股权市场割裂严重。区块链通过分布式和全网互联以及数据共享，打破区域股权市场间的数据孤岛问题，对参与交易的各相关方的身份、信用状况、投资经理、风险承受能力等进行信息可追溯性管理，从而打破各地股权市场割裂的格局，加强区域间股权交易市场的流通性，增强其运作效率和活力。

### （5）区块链能够提升监管手段，提升交易监管质量

因为区块链整个网络是由不同节点构成的，可以让证券实物以数字证券形式在系统中流通，证券每一次过户登记信息皆记录在案并经全网证明。区

块链这个公开透明的数据库包括了过去所有的交易记录、历史数据及其相关信息，而这些信息被安全地分布式存储在一串使用密码学方法产生的数据块中，可清晰绘制交易标的全生命周期的持有和交易过户的信息流图，任何组织和个人无法篡改，提升了整体交易流程的自动化监管，同时也有助于提升交易自律性，改善场外交易秩序。最后，区块链能够大大优化监管手段，同时显著提高监管的精准效度。区块链利用区块链账本的安全透明、不可篡改、易于跟踪等特点，对证券登记、股权管理、证券发行进行数字化管理，监管者会大大减少事前监管压力，可将充沛的精力转移到事中与事后监管上来。

## 9.5 区块链在证券业的未来与监管建议

2020年4月20日，国家发展和改革委员会（简称"发改委"）把区块链、5G、物联网、人工智能、云计算等列为新型信息基础设施。同时，国家发改委将联合相关部门，研究出台推动新型基础设施发展的有关指导意见；修订完善有利于新兴行业持续健康发展的准入规则。这对于我国区块链行业研究、区块链技术落地以及未来发展方向起到了积极的指导作用。

在政策监督方面，国家积极推动区块链与大数据、人工智能、云计算等信息化技术的融合，鼓励金融领域积极创新应用区块链技术。国家及地方监管部门不断探索区块链监管体系的建设，及时出台规范措施，优化区块链产业环境，坚决遏制假借区块链技术的非法金融活动。

区块链应用标准一般分为两大类，一类是进行区块链应用开发需遵循的接口标准和数据规范，如密码应用服务标准、底层框架应用编程接口标准，分布式数据库标准、应用部署环境标准、智能合约安全标准、BaaS平台应用服务接口标准，跨链、主侧链、多链、分片通信消息规范等；另一类则是针对具体应用场景制定的区块链应用标准或规范，这一类标准规范目前极少，研究进展缓慢。统一规范的技术标准是目前区块链技术发展亟待解决的首要问题。ISO/TC307目前已对隐私和个人信息保护、安全风险和漏洞、身份管理服务、参考架构、合规性智能合约、智能合约交互、数字资产托管安全等区块链技术标准进行立项。

证券行业应用区块链仍在探索，当然也有一些已经落地的场景应用。如长城证券已在理财产品等业务的存证管理上应用区块链相关技术。国泰君安、华泰证券资管、广发证券、东方证券也开始在ABS（Asset-backed Securities，资产证券化）领域尝试实践区块链技术；国泰君安证券基于金链盟开源区块链平台FISCO BCOS，与深证通、太平洋保险、微众银行共同构建通用存证服务。中信建投证券国际子公司和北京总部基于区块链进行跨境研报共享。

区块链在证券业落地也面临一定的问题，需要加大监管力度。

**（1）区块链自身存在的技术问题**

针对区块链发展中存在的技术异构、标准和规范不统一、行业资源配置割裂、投融资扶持政策力度弱、监管滞后等问题，产业发展还缺乏统筹规划和顶层设计相关的政策文件。另外，产业发展路线及时间表、产业政策支持有待进一步明晰，关键的技术人才严重不足。应用场景方面，区块链技术的推广和普及程度还远不如大数据、物联网、云计算等其他新一代数字信息技术。在评测方面，对于区块链评测的权威认证体系尚未完成，从技术上来看，区块链自身也存在抗压能力、扩展性较差，共识架构的安全等问题需要解决。

### （2）区块链在证券行业的应用依然存在问题和风险

首先是法律及监管风险，因为区块链的去中心化和弱中心化特点，用于证券发行、交易、清结算等核心业务上，就会弱化中介机构、证券公司和交易所的作用。系统中存在的智能合约编写者的法律性质难以认定，如此就会给监管造成难度。证券业是强监管行业，区块链需要监管部门来实施监管保障，辅以行业自律管理；另外，联盟链的建立一般需要权威机构或市场话语权方推动，且应场景和监管一起推进，保障链上数据的合法性及权益，否则落地困难。

### （3）区块链技术的数据存有安全风险

证券业务既要求严谨，业务环节又特别繁琐，既要效率又要安全，不但要遵循行业标准还要接受全面监管。参与主体的人多，从证券公司经纪人到发行人和投资者、市场监督机构、服务机构。在这样的背景下，区块链作为创新型应用，在面临传统网络及系统安全以外，技术使用带来的智能合约相关风险、链上链下数据协同、数据治理复杂度提高、应用系统改造较大等问题，也让券商在将区块链应用于核心业务时持非常谨慎的态度。

### （4）区块链技术在证券业上还不太适用公有链

区块链可以具体分为公有链、联盟链和私有链三种类型，网络权限范围和规模从公有链到私有链依次降低。在安全性、可控性和性能效率上，证券行业的要求相对较高。由于涉及客户的金融数据需要极高的隐私性，因此公有链不适用。而在可信度和扩展性的维度上，私有链无法满足行业要求，也不适用。综合来说，联盟链更适合于行业内多机构或业务相关的跨行业机构的业务场景。通过联盟链构建多中心的网络，各机构仍可自行管理各自的业务流程，但同时又能够与其他机构进行数据共享。行业协会或监管机构可组织各机构共同参与草拟行业区块链应用标准和规则，引入专业权威的区块链应用技术和数据治理成熟度高的评测机制，督促各方提高上链的数据质量，并采取有效的技术工具、管理手段和组织体系，对数据在计划、获取、存储、共享、维护、应用、消亡全生命周期可能存在的质量问题，进行识别、度量、监控、预警和改进。

总的来说，区块链技术在证券行业的应用不能鼓吹，而要归于理性和沉淀，积极响应国家建设区块链新型基础设施的号召，结合证券行业发展大趋势及机构自身发展小趋势，综合评估建设区块链的优势和风险，平衡金融科技的创新和稳定，不盲目跟从，而让技术更好地服务于客户和业务。

## 9.6 区块链技术＋证券的应用案例

### [案例1] 纳斯达克的私募股权交易系统"Linq"

2015年，纳斯达克与区块链创业公司Chain.com合作推出私募股权交易系统Linq平台，同年12月30日，Chain.com公司通过Linq平台为新的投资者发行了公司的股权，是第一家使用Linq技术来完成并记录私募证券交易的公司。

Linq系统主要为非上市公司股份提供在线登记服务，促进其私人证券市场的股份进行转让和出售。此前未上市公司的股权融资和转手交易需要大量手工作业和基于纸张的工作，通过人工处理纸质股票凭证、期权发放和可换票据，还需要律师手动验证电子表格等，可能造成很多的人为错误，又难以留下审计痕迹。通过Linq系统，私募股票的发行者享有数字化所有权，同时极大地缩减结算时间。Chain.com公司指出：现在的股权交易市场标准结算时间为3天，区块链技术的应用能将效率提升到10分钟，这能让结算风险降低99%，从而有效降低资金成本和系统性风险，并且交易双方在线完成发行和申购材料也能有效简化多余的文字工作，发行者因繁重的审批流程所面临的行政风险和负担也将大为减少。

### [案例2] OCC与Axcore区块链的合作

OCC是由美国证券交易委员会（SEC）和商品期货交易委员会（CFTC）共同监管、由纳斯达克开发的期权和期货清算平台，其内置的风险管理系统和数据平台以及股票贷款平台已移至Axcore区块链。OCC证券融资副总裁Matt Wolfe指出，通过使用分布式分类账，参与者将能够与该记录保持同步，从而避免普遍存在的错误，减少对账成本和挑战，并为流程带来更高的自动化和效率。OCC与Axcore运营公司Axoni签署了一项协议，将720亿美元借贷股票转移至Axcore区块链，客户可以通过协议实时在数据池中运行自己的节点，完成包括交易在内的各项流程。这一举措的好处在于，可以节省数十亿美元的审计成本，并保证有关的各方随时能进行操作。

### [案例3] 国君华泰融出资金债权1号资产支持专项计划

2015年8月，国泰君安资金同业部发行了国内首单以券商两融债权为基础资产的ABS——"国君华泰融出资金债权1号资产支持专项计划"。2018年，国泰君安和深圳证券交易所合作，共同研究区块链在ABS领域的应用，利用区块链上链保存原始基础资产，使用智能合约进行上链和筛选，确保原始资产数据质量。2018年，国泰君安还与上海证券交易所合作，通过共建区块链，将场外期权非标产品的部分属性转为标准化，把原来各方难以达成共识的、很难全程跟踪的部分，变得信息透明、可跟踪。此外，国泰君安还搭建了电子存证服务平台，将电子合同、版权文章等内容存证在链上，为公司提供司法服务。

# 第10章

# 区块链数字金融
## ——区块链＋供应链金融

## 10.1　供应链金融模式简况与局限性

供应链金融（Supply Chain Finance，SCF）是商业银行信贷业务的一个专业领域（银行层面），也是企业尤其是中小企业的一种融资渠道（企业层面）。具体操作指银行向客户（核心企业）提供融资和其他结算、理财服务，同时向这些客户的供应商提供贷款及时收达的便利，或者向其分销商提供预付款代付及存货融资服务。简单地说，就是银行将核心企业和上下游企业联系在一起提供灵活运用的金融产品和服务的一种融资模式。银行围绕核心企业，管理上下游中小企业的资金流、物流和信息流，并把单个企业的不可控风险转变为供应链企业整体的可控风险，通过立体获取各类信息，将风险控制在最低的金融服务。

我们用一个简单的故事来说明什么是供应链金融。

村里面有一个豆腐坊做豆腐，需要豆子，所以豆腐坊需要找种大豆的农户买豆子，做好的豆腐卖给村里的小商铺，然后再由商铺卖给村里面的老百姓，这就是一个最简单的豆腐产业的供应链，里面有供应商（种豆子的农户）、制造商（豆腐坊）、经销商（小商户），他们一起协作链接起供应链的上下游，通过卖豆腐实现盈利，大家在这个链条里都有钱赚。那这个供应链为什么和金融有关系呢？比如，豆腐坊买了豆子，豆腐还没做成，卖出去之前没钱付豆子的货款，于是豆腐坊就和种豆子的农户商量："你先给我豆子，等我过两天卖了豆腐再给你钱"，这个就叫账期。但种豆子的农户不干了，你不给我钱，我哪有钱继续种豆子，这个问题不解决供应链就转不起来了。这个时候，村里有一个财主来帮忙了，说："我有闲钱，你豆腐坊不是现在没钱给种豆子的农户吗？我帮你垫上，等你卖豆腐了再把钱还给我，当然我不白干啊，要收利息的。"同样的，小商铺和豆腐坊之间也会存在这样的需求，这就是供应链金融。在现代社会里，扮演财主角色的就是银行等金融机构，对于供应链上的企业来说，银行出面来垫付费用是非常好的，因为该举措可以有效解决生产销售过程中的资金短缺问题，而且大部分时候不需要抵押很多资产。对于银行来说，提供供应链金融的业务比单独贷款给一个企业的风险要更为可控。还以豆腐坊为例，银行为了控制放贷风险，会去了解种豆子的农户和小商铺各自的生产经营情况以及豆腐市场的行情，对整个供应链的经营情况做出预判，从全局规避风险。另外，供应链里面最大的风险就是规模最大的那个核心企业，比如豆腐坊会向多个种豆子的农户买豆子，向多个小商铺卖豆腐，它对上下游这些小企业有很大的影响力，只要把核心企业的风险控制住，这个供应链上其他企业的风险基本就控制住了。所以，供应链金融对于有资金需求的企业和银行等金融机构来说是一件双赢的事情，这也是为什么现在各个领域都在发展供应链金融的一个主要原因。

　　一个商品的供应链从采购原材料到加工制作成为产品，最后由销售网络把该产品送到消费者手中，这期间制造商、供应商、零售商、分销商和产品使用者最终连成一个整体供应链条。在这个供应链中，有实力的企业非常强势，在交货和价格以及账期等方面往往对配套的上下游企业提出苛刻要求，从而给这些没有实力的中小企业造成一定的压力。而上下游配套企业恰恰大多是中小企业，难以从银行融资，结果造成资金链十分紧张，整个供应链出现失衡。供应链金融扮演的角色就是在整个供应链中寻找一个核心的实力企业，以核心企业为出发点，为供应链提供金融支持。一来可以缓解上下游配套中小企业融资难的压力；二来可以将银行信用融入上下游企业的购销行为，增强其商业信用，促进中小企业与核心企业建立长期战略协同关系，提升供应链的竞争能力，不但能激活整个供应链的活力,还能为中小企业赢得商机。

供应链金融巨大的市场潜力和良好的风险控制效果,吸引了许多银行介入。深圳发展银行、招商银行最早开始这方面的信贷制度、风险管理及产品创新。随后,围绕供应链上中小企业迫切的融资需求,国内多家商业银行开始效仿发展"供应链融资""贸易融资""物流融资"等名异实同的类似服务。时至今日,包括四大行在内的大部分商业银行都推出了具有各自特色的供应链金融服务。

目前,供应链金融主要有应收账款融资、库存融资以及预付款项融资三种模式,其中核心模式是应收账款融资。供应链金融的局限主要表现在信息不对称、核心企业信用无法传递及业务效率低下等问题。

① 在一个供应链上的不同企业之间系统不互通,所以会使企业信息割裂,难以实现全链条信息的互通,可能导致信息欺诈风险的发生。

② 供应链上的核心企业仅能对一级供应商进行背书确认,核心企业的信用难以传导到供应链闭环上的所有参与方,供应链闭环上的中小微企业被排除在信用传导链条之外,且中小微企业自身制度不成熟,财务数据不完善,从而导致中小微企业融资难。

③ 目前供应链金融模式以银行与核心企业共建平台为主,对核心企业依赖性过强会增加银行供应链金融业务隐患,核心企业较强的议价能力导致银行获客成本高,同时随着核心企业主导地位的凸显,欺诈风险也随之增加。

④ 中小企业的信用评价体系不够完善。在供应链融资模式下,虽然金融机构不再局限于企业财务报表等硬信息,能规避单一企业的信用风险,但却不能消除信用风险。所以,建立健全中小企业信用评价体系,不仅能客观评价中小企业的信用状况,有利于获得融资,还能降低金融机构的信用风险,减少损失。

⑤ 在融资方面,金融产品单一,不能满足中小企业的需求。各大金融机构

提供的金融产品未能很好地满足中小企业的融资需求。因此，各金融机构应进一步加强产品服务创新，拓展融资渠道，以满足中小企业不断发展的全方位、多层次的融资服务需求。

⑥ 供应链由于参与者众多，受到很多外在因素影响，产品与技术的生命周期明显缩短，引入竞争性产品使生命周期更加难以预测，若受到销售促进、季节性刺激和再订货数量等因素的影响，供应链容易产生大量的混乱。与此同时，企业不仅受到诸如自然灾害等外部事件的影响，还会遇到企业战略调整的冲击，如经营模式的改变、电子商务以及减少供应商规模等，这些改变都潜在地增加了供应链自身的风险。

## 10.2　区块链在供应链金融中的应用

供应链金融应需求而生，把整体链条上的核心企业和上下游配套企业作为一个整体，强调通过产业与金融的协同管理，有效应对上下游节点企业资金短缺对于整体供应链效率的制约，并形成互利共存、良性互动、持续发展的产业链生态。

供应链金融是银行重要的对公业务，银行运用短期的融资工具，为商品当中的存货预付款进行融资，每一笔交易必须有真实的交易背景、严格的凭证、被执行客户的执行市场运输。但是涉及到供应链融资，交易环节造假的风险比较大，单笔金额比较小，笔数比较多，涉及多个部门和环节进行数据的收集、整理、审核校验，有很多繁琐的流程，单笔交易需要花费的时间为7~10天，特别是跨界还存在着丢件和贸易单据造假的风险，处理的时间长达1个月。如果运用区块链技术，通过分布式的账本，我们就有一个去中心化的图表，有关的各方出口商、进口商、运输公司、海关、出口方银行、进口方银行，根据规则从各自的角度校验，确保交易的真实完整性，那么对贸易融资的改变是很深刻的。

另外，现行供应链金融仍存在着配套企业需求资金征信缺失的问题，核心企业对全链渗透能力不足，无法将信用传递到二级以上的供应商企业，中小企业信用自证和融资问题突出，致使产业供应链条上下游企业融资处于非完整闭合状态，因此引入现代金融科技有效解决征信缺失的技术难题尤为必要。区块链技术作为新一代技术支持，能够促进构建新型系统信任模式。

区块链在供应链金融方面的应用具体表现在哪些方面呢？

① 区块链难以篡改和数据可溯源解决供应链金融的信息孤岛和信任问题。核心企业及各级供应商可以借助区块链技术，搭建供应链体系内共享账本，在共享账本内按照预设权限规则，共享业务相关信息，从而实现信息流、资金流及物流的统一协同流转，解决信息不对称问题。参与贸易的各方实行实名制和邀请注册制，确保参与方的信息真实。债务信息通过双方审核，信息流与资金流同时流转，通过授权在整个链条内实现可控共享，实现了核心企业信任无损传递。

② 通过智能合约技术，对接金融机构实现应收账款自动结算。基于真实贸易付款约定，通过区块链智能合约技术，可以实现履约条件、履约方式、履约账期、履约金额的上链和智能化设置，并对接付款方对应的金融机构，实现应收账款逐层自动结算，解决因中间供应商延期付款而造成的全链条资金流转效率降低的问题。

③ 打通供应链上存在的信息孤岛。区块链的核心是分布式记账数据库，凡是在供应链上的参与方都享有同等参与信息的权利，任何一方都有权查看所有

信息但无法进行修改或删除。同时，多个主体使用供应链管理系统，可以改变以往系统不同、版本不同难以对接的痛点，多个利益相关方可以提前设定好规则，实现数据的互通和信息共享。在传统供应链管理中，分布在供应链各节中的商品信息、生产信息以及资金信息是相互割裂的，而区块链技术支持多方参与、信息交换共享，能促进数据民主化、整合破碎数据源，为基于供应链的大数据分析提供有力保障，让大数据征信与风控成为可能。

④ 区块链技术保护数据隐私，加快信息流通效率。区块链的加密算法可以确保各个供应链参与方的隐私。虽然区块链能让贸易流、资金流和信息流变得透明，但因为有加密算法，比如核心企业向供应商发出已收货信息时，并不会向系统中其他企业透露供应商的信息，以确保数据的客观性。同时能够在共同的信息平台解决供应链溯源问题，生产过程、物流运输和终端销售等环节的信息需求均可从平台上快速获取，使交易路径一目了然，各节点的联结关系更加透明化。这不但可以加速商品信息流转、降低审计成本，而且有助于追溯责任，可以降低违约风险，保证金融风控业务顺利进行。

⑤ 区块链技术具有不易更改、去中心化和技术一致性，并且数据带有时间戳、不重复记录等特性，这就解决了银行对信息被篡改的顾虑和风险。因此，金融机构把区块链技术应用到自己的供应链金融业务中，可以直观方便地查看贷款企业每一笔交易的情况和资金的去向，大大节省了人力和财力成本，提高了监管效率。

区块链技术可以提供可信的贸易数据。例如，在区块链架构下提供线上化的基础合同、单证、支付等结构严密、完整的记录，提升信息透明度，实现可穿透式的监管。采用区块链技术，在审查阶段可保证数据来源的真实性与完整性，便于核对背后交易是否真正进行，保证流转凭证可靠。

⑥ 区块链技术能够实现合约智能清算。区块链智能合约可以减少人工干预，降低操作风险，保障回款安全。智能合约被看作区块链最有价值且最易普及于商业场景中的重要发展方向。它封装了若干状态与预设规则、触发执行条件及特定情境的应对方案，以代码形式储存在区块链合约层，在达到约定条件时，自动触发预先设定的操作。只依赖于真实业务数据的智能履约形式，不但保证了在缺乏第三方监督的环境下合约得以顺利执行，而且杜绝了人工虚假操作的可能。在条件确认阶段，基于区块链上实时更新的价格、质量信息，在核查外部各方业务信息流并判断交易达成后，智能合约即被激活并执行。在合约执行后续阶段，也可利用去中心化的公共账本、多方签名技术加强资金流向管理与回款监控。

⑦ 区块链技术帮助企业实现融资降本增效。供应链上的企业如果没有核心企业做背书，很难获得银行的优质贷款。区块链技术之所以可以实现融资降本增效，是核心企业信任传递后，中小企业可以使用核心企业的信贷授信额度，获得银行低利率的融资。区块链的公开透明性能够在核心企业与上下游开展业务时减少信任建立过程所需的试探性交易，降低沟通成本，提高商业协作效率。同时，对银企融资合作双方而言，风险评估成本也能大大压缩，简化传统信用评估步骤、删除由于信任危机增加的核查程序，缩减了时间成本与资金成本，并通过连锁反应最终提升融资效率。

## 10.3　供应链金融实现数字化

2020年，中国人民银行、工业和信息化部等八部委联合发布了《关于规范发展供应链金融支持供应链产业链稳定循环和优化升级的意见》，首次明确供应链金融的内涵和发展方向，为供应链金融的规范发展奠定了制度基础。在此背景下，数字化、新技术不仅全面冲击现有金融服务模式，更是深入到供应链金融创新的各个环节。

供应链金融的崛起很大程度上反映了我国在全球产业链中的重要地位。以互联网、大数据为代表的新一代信息技术，推动着全球经济格局的改变，给我国供应链产业的升级换代提供了巨大的空间。而供应链体系正以物流、商流、资金流和信息流"四流合一"的形式汇聚而成新的业态，如基于应收账款、库存、销售而长期形成的行为、联系、声誉、偏好和互动等动态行为信息的监测和捕捉体系，促使轻资产型企业的"不动产"转化为"动产"的新型抵押要素，为金融机构开展投融资活动提供了新依据、新元素，由此改变了传统金融不动产抵押和中心化信息垄断的服务模式。供应链产业对传统作业流程的碎片化进行了整合和扁平化重组，促进了企业在细化分工中保持紧密的关联性，降低了各环节之间的摩擦成本，形成了各产业链与金融的深度融合。

数字化时代的供应链金融探索，实现了资产端和资金端协同，缓解了金融和产业信息不对称，融合了产业链和金融链，正是极具生命力的产融结合创新方向。

当前，在金融科技赋能和数字经济蓬勃发展的背景下，供应链金融正呈现数字化、智能化的发展趋势，逐渐向数字供应链金融演变。数字供应链金融将有助于打破传统供应链金融的桎梏，把握新发展格局中的产业发展机遇，展现金融服务实体经济的理念。

供应链金融实现数字化具有以下新特征。

**（1）数字化迫使供应链金融模式进行升级**

目前，无论是制造业还是物流业，整个产业场景从单纯的个体走向了链条,甚至走向了网络。单一企业走向网络的趋势,给金融带来的最大问题就是风险管理与控制,由于主体复杂化,交互多维化,导致很难掌握全面的信息。另外,信息过窄也给网络化之后带来问题。纷繁复杂的数据蜂拥而至,无法知道数据的真假性、数据的可信性、数据的作用性等,将给企业带来高风险与难监管等局面。传统供应链金融主要以解决融资问题为目的,属于信贷驱动类业务。数字化不再是简单的信贷或资金提供者,而是深度参与搭建或与产业龙头等共建产业互联网平台,在平台化的模式上进行资产运营、资产交易和撮合,最终实现平台化运作。

### (2) 数字供应链金融服务的对象更加广泛

传统供应链金融主要立足于核心企业,依托核心企业,服务与核心企业紧密联结且直接发生交易往来的上下游企业,服务的半径短,产业链上其他众多中小微企业无法获得供应链金融服务。而数字供应链金融则可通过新兴金融科技缔造数据价值,充分利用全面、持续的数据还原真实的产业链图谱,并对客户精准画像,从而突破传统业务限制,沿着产业链条向上下两端无限延伸,将更多客户群体纳入服务范围。同时,数字供应链金融还可通过对供应链及其成员生命周期的掌握,将金融服务贯穿于供应链成员的全生命周期。

### (3) 数字供应链金融使金融服务更加智能化

数字供应链金融依托大数据对供应链的深刻洞察来发掘客户需求,进行市场营销,使管理和服务更精准。传统供应链金融围绕核心企业名单进行推荐制营销,而数字供应链金融是借助合作方的共享和数字化手段去挖掘客户需求,寻找业务机会和推送服务,这样就会使营销更加精准。除营销外,金融机构也越来越多地将数字化技术应用于供应链金融业务的运营管理、风险控制和异常处置，从而更加科学地评价个体经营风险、智能筛选目标客户和进行异常行为判断等。"人工+智能"互为验证的风险管理机制成为数字供应链金融风险管理的核心。

**（4）数字供应链使供应链生态不断演进**

虽然传统供应链金融也在不断促进供应链资源流转，但随着技术的飞速发展，传统供应链金融已经难以满足供应链生态系统动态调整速度与效率提升的要求。而建立在数字化技术与金融业务的高频交互和深度融合之上的数字供应链金融，能够通过供应链全景数据和业务模型，加强对供应链内部的洞察，及时捕捉客户新需求，并将金融服务无缝化融入供应链商业场景，甚至成为一种基础生产要素赋能于供应链，推动其进一步演化升级。可见，数字供应链金融的赋能增效能力更为显著。

在数字化供应链方面，区块链不仅仅是一个技术，它能够带来的是整个供应链数字化。数据化不等于数字化，数据化只是捕捉到了数据，并不代表数字化。笔者认为推动供应链数字化应满足以下四个条件：第一是实时，供应链运营中包括资产端任何的作业活动能够在零延迟的状态下获取；第二是透明，做到关联方可视可见；第三是场景化，供应链的多环节、多主体能够相互校核、印证；第四是可追溯。区块链在这四个方面可以说都能做到。

当然，如果数据信息是一种资产，那么只有高质量、无风险的数据流内容和运用才是真正的资产。只有通过制度安排来明确数据内容和用途边界，再配套好法律法规来保护数据隐私和约束信息滥用。因此，建立一个良好的法律环境以保障高质高效的数据基础，对于推动数字供应链金融具有重大现实意义。

## 10.4 区块链与供应链金融的匹配性

区块链技术与供应链金融存在天然的匹配性，在贸易的各个环节，不论是融资、流转还是支付都具有广泛的应用场景，可以显著提升效率和质量。

供应链金融多数属于间接金融，往往涉及三个以上机构之间的借款行为，所以交易场景要较之传统的信贷更为复杂和多样，信用的构造更为立体和精密。在这样的前提下，供应链金融需要更为先进与科学的创新技术与之匹配，而供应链金融软件开发者和监管者都需要深入金融专业知识体系中，这样就会无形中使业务和操作难度增加。而金融科技的发展目标是要减少业务复杂度，进而降低融资成本，提高融资的便利性，所以，只有让供应链金融服务更便捷、更有效率，才能更大程度地满足市场需求。

之所以说区块链与供应链金融具有天然的匹配性，是因为区块链技术能够使供应链金融产生更大的改进。具体表现有哪些呢？

第一，区块链技术可以建立点到点的强信任关系来赋能供应链金融，因为供应链金融从最初到现在，参与交易的节点类型与数量大增，关系也越来越复杂。那么依靠第三方信用处理这些越来越复杂的交易和节点，成本会越来越高，效率会越来越低。区块链依据参与节点的结构来布置分布式账本，数据无需单一的中心化机构来统一维护；共识达成的协议具有不可篡改性，节点不可能按照有利于自己的原则来操控数据。

第二，区块链使供应链金融的数据更透明化和可重复使用。供应链金融需要数据在节点具有一致性且集中透明，形成由基础合同、单证、支付等组成的结构严密、完整的交易记录，不同参与者使用一致的数据源，无需单独寻找分散在各节点、各系统的数据，避免重复审查和反复校验的程序，有助于提升供应链平台的数据利用率和融资处理效率。

第三，区块链能够有效保证供应链数据安全。供应链金融需要记录参与各方在线签署的不可改变的数据，而这种账本不能受到损害。区块链的加密技术和防篡改能力，使得链上的数据公开透明，可以随时清算、审计，解决了传统财务体系的痛点。区块链数据的记录不会丢失、无法篡改，解决了现实中存在的单证伪造、遗失等问题。

第四，区块链让供应链金融实现了信用自证。供应链金融为企业融资服务，所以对于信用的要求更高，如果没有信用机制，几乎就不会有供应链的发生与发展。区块链技术避免了人为因素影响的单中心和单节点记账，规避单一记账人的信用风险。区块链是多节点记账，多方参与才能确保分布、时序及不可篡改的特性。这样只要是参与区块链节点的上下游中小企业，就会实现信用自证。同时，区块链记账系统对于交易参与方能够起到共同见证和监督交易的作用。区块链作为机器信用、计算信用，以其分布式、可追溯、自组织等特性有效弥补了供应链金融信用机制的缺陷。

第五，区块链技术能够减少供应链金融的征信成本。创新供应链金融交易制度，每一笔资产交易都由全网节点共同背书，所以对于参与方的身份审查、交易历史、历史单证的审查都变得没有必要，可以大幅减少征信成本。合同及执行条款通过编程的方式写入区块，以智能合同的方式，使得资产交易与转移这类融资的核心功能，在满足执行条件时机器自动执行，避免人工执行时的延迟和道德风险。智能合约和共识机制将资本计划的投资合规校验整合在区块链上，确保交易满足合同条款、达成共识。机器信用的高效率和可靠性，极大地提高了交易双方的信任度和交易效率，是一种交易制度上的创新。

## 10.5　供应链金融前景展望

近年来，供应链金融领域的理论与商业模式创新实践非常频繁，涉及不同的行业、众多类型的参与主体、进出口业务、大型平台等，其中金融科技对供应链金融创新的重要性和支持力度越来越大。随着人工智能、区块链、云计算、大数据等应用在供应链金融领域的可行性不断得到验证，使过去由银行孤零零在前，再怎么辛苦也拉不动的沉重供应"链"，逐步进化成由各方共同建设、主动前进的智能生态圈，也使得人们对于供应链金融的前景表现出非常积极的一面。尤其随着科技金融的发展，区块链+人工智能的时代，会给供应链金融带来更多降本增效的机会，使得供应链金融迈向5.0模式，也就是以区块链为骨干架构，以计算信用为方法，采用人工智能处理的新一代供应链金融模式。

那么，让我们回顾一下供应链金融之前的模式是如何发展变化的。

供应链金融1.0模式可以称为传统模式。供应链金融1.0的主要特征为：M+1+N。商业银行通过对供应链核心企业这个"1"的信任，向它上游的M个供应商或下游的N个客户提供融资服务。这种融资服务只是基于上下游协作中单笔交易的某项资产，该压哪批货、该转哪笔账，一一对应。在这个模式中，银行开展供应链金融的基础是核心企业的信用转移。通过核心企业为它上下游的中小企业做担保，银行才会放心给这些企业融资。这种线下模式依赖于业务人员对行业和核心企业的经验判断，属于被动的授信审批，一项一审，规模效应与技术的应用效果不明显，客户缺少黏性。

供应链金融2.0阶段，也可以称为线上模式。供应链金融是基于供应链运行产生的综合性金融业务，其顺利实施与否，取决于供应链成员间是否相互协同。也就是说，如果要开展供应链金融业务，首先要控制住供应链上的交易和物流。因此，供应链网络中的焦点企业逐渐成为开展供应链金融业务的主导，并且由"链"发展到"网"，第三方物流、监管机构等相关主体也都参与了进来。在核心企业的配合与参与下，银行可以低成本地获得批量客户。线上化实现了融资服务的规模效应，使操作成本大幅下降。

供应链金融3.0阶段，也可以称为平台模式，是在平台商业模式中构建的金融服务。在平台上，无论是上游供应商、下游采购商，还是金融机构、服务单位以及政府部门，都将涉及更多不同的主体。借助现代化的信息技术手段，焦点企业搭建起跨链条、跨部门、跨区域的综合性平台，并与政府、行业协会等社会部门联盟，收集并整理各方的信息数据，综合调配资源为有潜力的中小企业提供融资服务。平台以独特的"双边效应"结合互联网+的长尾效应，成为整合商流、物流、资金流"三流"合一的信息平台，银行在平台模式下可获得与交易相关的丰富信息。

供应链金融4.0阶段，也称为智慧模式。在这个阶段的供应链金融将是智能化的、数字化的，效率极高。上下游交易方、金融机构、焦点企业等构筑的供应链金融生态圈将相互打通，让交易完全透明，资金流动清晰可见，大大提高融资便利性与风控水平。基于云计算和大数据创建的金融生态体系，使得金融能真正服务于整个供应链的各类主体并推动商业生态的发展。

未来新的模式就是区块链+人工智能的供应链金融5.0模式，那么5.0模式有怎样的内涵呢？

① 用"可信的机器"来代替现实中的人工计算。未来区块链形成的数据记录和人工智能合在一起所起的作用就是"可信的机器"，用数字计算的结果在虚拟环境中依赖机器对交易行为特征结合业务逻辑进行计算，进而判断交易行

为的真实性、可信度及风险度量。计算信用依赖于交易行为的实时存证,可有效避免人为的道德风险。计算信用能准确反映交易的真实性,计算方法是大数据、商业智能、区块链等技术的结合。

② 区块链技术能够建立起数字信用链,使信用溯源变得较为容易。资金端的管理人员可以穿透严密的业务逻辑,直接获得从底层开始的信用信息,省去了大量的重复验证过程。区块链技术本身并不直接产生信用,但进入到区块链架构下的信用信息将以"无损"模式传递给当前交易参与者及后来的交易参与者。区块链架构下信用的无损传递,交易对手对历史信用的直接认可能够大幅度降低信用成本。

③ 区块链技术能够构建供应链金融线上虚拟系统与线下真实系统的交互执行模式。通过线上的虚拟系统模拟计算结果传送给线下的真实系统主体来指导执行,使真实系统和虚拟系统相互模拟、不断同步平行。真实系统与虚拟系统共同构成对供应链金融的风险控制过程,虚拟系统不再是单向的信息处理功能,双工交互强调线上系统对线下操作的指导,以主动的干预来获得线下系统的预期结果,线上系统不再只是等待数据的输入。

④ 现有供应链金融模式主要解决中小企业融资的可得性(便利性)问题,对于贷款利率下降(融资贵)的作用并不明显,大企业获得正规金融服务的利率仍然大幅度低于现有供应链金融的利率水平。所以,供应链金融5.0模式下,信用创新技术必然针对直接融资模式来寻求突破。

## 10.6　区块链为供应链管理筑起"信任"之墙

供应链管理的最高境界在于：内外协同，千军万马、步调一致！这是每一位供应链管理者的梦想。然而，要实现却并不是一件容易的事。其中最大的问题就是"信任"。没有信任，供应链的上下游无法充分共享和交互信息，信息流将变得扭曲失真；没有信任，供应链上的账期会被越拉越长，资金流变得短路缺血；没有信任，供应链上的物权转移需要核对大量的单证，实物流成了大问题。

供应链是由供应商、制造商、分销商、零售商、用户连成一体的复杂的功能网链结构。在这个链条上，资金流、信息流、实物流交互运行，协同难度极高，传统的依靠单一"链主"的协调机制已经遭遇瓶颈。而区块链的"去中心化"模式，为解决这一问题提供了丰富的想象力。

首先，能够使企业与企业之间由于区块链技术建立了信任。由于数据不可篡改，信息变得对称，企业沟通成本降低，解决了信息失真问题，供应链的运行效率大幅提升。

其次，区块链的"共识机制"让企业之间可以形成所谓的"动态联盟"，即联盟内的企业可以自愿加入或退出，只要符合联盟的准入和退出的标准即可，而由于"共识机制"和信任的存在，企业加入和退出的成本极低。

最后，由于区块链记录了企业之间的各类交易信息，可以轻松地进行数据溯源，甚至可以辅助解决假冒伪劣产品等问题。例如，IBM就推出了一项服务，允许客户通过区块链技术对供应链上的高价值商品进行追踪。Everledger公司就使用了该项服务，希望能够利用区块链技术来推动提高钻石供应链的透明度。

# 第10章
## 区块链数字金融——区块链+供应链金融

区块链作为一种分布式账本技术，能够确保透明度和安全性，也显示出了有望解决当前供应链所存在问题的潜力。将分类账上的货物转移登记为交易，以确定与生产链管理相关的各参与方以及产品价格、日期、地点、质量、状态和其他相关的任何问题，这是将区块链技术应用于供应链的一个简单的范例。

分类账公开发行，便有可能将产品追踪上溯到所用原材料阶段。由于分类账呈现分散式结构特点，任何一方都不可能拥有分类账的所有权，也不可能按照自己的利益来操控数据。此外，由于交易进行加密，并具有不可改变的性质，所以分类账几乎不可能受到损害。一些专家也已经表明了对区块链的信心，认为区块链技术是无法破解的。

区块链技术有可能会成功改变供应链，并颠覆商品的生产、市场推广、购买和消费方式。从长远意义来看，提高供应链的透明度、可追溯性和安全性能够促进打造一种信任和诚信的环境氛围，防止供应链系统中一些不规范的做法，从而有助于构建更安全、更可靠的经济体系。

区块链被设计成永久性地记录交易——不仅仅是货币交易，更重要的是，在数据交易中，记录是不能被篡改的。这与中心化数据库形成了鲜明的对比，中心化数据库可以在创建条目之后进行修改。

这种独特的设计意味着区块链可以增强组织之间的信任，并为供应链的信息系统增加另一层安全性和可靠性。通过将信任的问题交给一种没有任何一方控制的去中心化算法，他们承诺在现有的供应链上提高透明度，并允许更多的流动的动态的供应链。对于生产者和消费者来说，收益可以体现在商品和工作流程的可追溯性上，并最终提高效率和降低成本。

## 10.7　区块链+供应链金融应用案例

### [案例1] 京东"债转平台"

京东"债转平台"是以供应链的应收账款融资为核心，将债权凭证保存在区块链上，帮助供应商盘活应收账款，降低融资成本，解决供应商对外支付及上游客户的融资需求。

首先，"债转平台"采用开放式的系统架构设计，让供应链上的核心企业及其多级供应商能够灵活对接。

其次，根据核心企业与其供应商贸易关系中产生的应收账款池，结合风控模型为供应商核定可用融资额度。供应商根据其实际应付及采购需求，可签发不高于融资额度的债权凭证作为对该笔采购的支付信用凭证，凭证的信用背书及差额补足承诺由平台方提供。

最后，收到凭证的企业可以选择到期兑付或申请融资，若其同样有应付及采购的需求，也可转让此凭证对应的应收账款以获得签发新凭证的额度，以此完成贸易中实际的采购支付，形成债权在供应链上的流转。

京东"债转平台"利用区块链技术重构了传统供应链融资的结构方案，打造了全新的供应链金融服务模式，为中小企业提供了融资渠道，加强了中小企业的资金管理能力，满足了中小企业科技融入生产的需求。

### [案例2] 腾讯"微企链"

"微企链"平台是由腾讯与联易融共同合作，运用腾讯区块链技术打造的供应链金融服务平台。微企链由供应链中的各方企业和金融机构组成，通过区块链真实、完整地记录基于核心企业应付账款的资产上链、流通、拆分和兑付全过程。

在供应商登记原始资产上链时，微企链平台对应收账款进行审核校验与确权，以确保贸易关系是真实有效的，上链资产是真实可信的；利用区块链多方记录、不可篡改、不可抵赖、可以追溯的特点，微企链平台通过区块链记录应收账款的拆分和转让过程，并能追溯至登记上链的初始资产，实现核心企业对其多级供应商的信用穿透，降低小微企业的融资成本，盘活金融资源。

### [案例3] 浙商银行"应收款链平台"

2017年8月，浙商银行联合趣链推出了基于区块链技术的企业"应收款链平台"，用于办理供应链企业应收账款的签发、承兑、保兑、支付、转让、质押、兑付等业务。

利用区块链的去中心化、分布式账本和智能合约等特性，"应收款链平台"将应收账款转化为电子支付结算和融资工具，企业可将报表中沉淀的应收账款改造为电子支付结算和融资工具，随时对外支付和融资。"应收款链平台"旨在帮助核心企业与上下游企业共同构建供应链商圈，实现圈内"无资金"交易，降低供应链的整体成本。

### [案例4] 布比"壹诺金融"

"壹诺金融"是布比（北京）网络技术有限公司基于区块链底层技术，自主开发并运营的"区块链+供应链"金融科技服务平台。该平台基于真实贸易背景及核心企业信用，为各参与方提供实名认证、资产管理、在线融资、资金管理等功能，释放、传递核心企业信用的同时打破信息不对称，降低信任成本和资金流转风险，用区块链技术将企业"资产"转换为一种可拆分、可流转、可持有到期、可融资的区块链记账凭证。

# 第11章

# 区块链数字金融
## ——区块链+票据

## 11.1 票据的特点和内涵

票据是依据法律按照规定形式制成的并显示有支付金钱义务的凭证。在金融领域，票据也被称为"融通票据""空票"，是不以商品交易为基础，专为融通资金而签发的一种票据。它由当事人双方达成协议后产生，一方作为债权人签发票据，一方作为债务人表示承兑，出票人则于票据到期前把款项归还付款人，以备清偿。在银行、企业业务场景下，票据一般特指银行承兑汇票或商业承兑汇票，其主要生命周期包括承兑、背书转让、贴现、转贴现、再贴现、兑付等。

广义上的票据包括各种有价证券和凭证，如股票、企业债券、发票、提单等；狭义上的票据包括汇票、银行本票和支票，是指由出票人签发的、约定自己或者委托付款人在见票时或指定的日期向收款人或持票人无条件支付一定金额的有价证券。票据是货币证券，也是发生债权债务关系的书面凭证。票据在市场流通过程中，反映了当事人之间的债权债务关系，双方需要履行各自的义务。持票人有请求权与追索权。持票人对票据的主债务人/参加承兑人/票据承兑人/保证人有付款请求权，同时对背书人有追索权。

通俗来讲，票据是一种远期支付工具，企业在进行贸易时，会出现现金支付的情况，如买方赊账，卖方也会承担较大风险，于是到银行开具承兑汇票，约定未来某个日期支付现金。而拿到这张票据的卖方，在未到票据期限但也有支付需求时，可以将其作为支付工具背书转让，或者到银行做贴现，将票据转化为现金。

一般用户操作的一笔汇票业务涉及到出票人、收款人、银行三方，业务的每一个操作都会至少涉及其中两方的利益。用户侧的业务品种有开票、收票、背书转让、贴现、提示付款、质押、保证、追索、票据查验。

对于企业来说，票据能够解决企业短期资金短缺的问题，能够促进企业发展进程，票据的利率比贷款的利率低得多，有利于企业融资。对于银行来说，票据也能给银行带来可观收益。因为承兑与贴现都需要银行垫钱，属于信贷范畴，银行还会收取手续费和利息，这样就给银行带来了业务收入。

我国现在有两种票据，一种是银行承兑汇票，另一种是商业承兑汇票。银行承兑是银行开具的，少则30天，多则一年，银行做背书，是找银行要钱。商业承兑是某一个企业开具的，是企业做背书，以后兑换现金需要找企业。如果开具的主体是上市的大型公司或者大国企那还是比较值得信任的，但也有出现不承兑的。而一般银行的承兑汇票纸质的最高额度能到一个亿，电子票据能放大到十几个亿。

通俗一点讲就是，我开个证明给你，承诺到了一定期限后你就能找我兑换现金了。这个票在你手里，你既可以用它买货，也可以支付劳务费，卖你货的人基本都会收，因为到期了银行自然会兑现，就算不到期也可以兑现，被你支付的供应商也可以用这个去买别人的货物，这样就可以盈利了。

当然，传统票据市场在风险管理方面具有明显的不足与痛点，包括以下几点。

① 操作性风险。票据交易系统为经典的中心化模式，若中心服务器出现问题，则整个市场瘫痪，节点交易完全依赖于中心平台。

② 信用风险。我国票据市场存在多重的信用风险。例如，2016年涉及金额数亿元以上的风险事件多达7件。

③ 道德风险。容易出现"一票多卖"、虚假商业汇票、克隆票据、假签章票据等事件。

④ 融资难、融资贵的问题。中小企业从部分银行机构和一些上游大企业拿到的多是承兑汇票而不是现金，融资难，融资贵。

⑤ 贷款与贴现相互腾挪，掩盖信用风险。部分金融机构利用贴现资金还旧借新，调节信贷质量指标；发放贷款偿还垫款，掩盖不良。

⑥ 创新"票据代理"规避监管要求。部分金融机构通过同业代理转贴现、签"抽屉协议"，隐匿信贷资产规模；委托中介机构办理票据业务，甚至出租、出借账户和印鉴。

针对以上票据的特点和票据业务的痛点，区块链架构下的票据交易模式，具有弱中介化、系统稳定性、共识机制、不可篡改的特点，可形成统一的标准化票据市场，提高交易效率。在票据市场中，通过链上记录的相关凭证，保证商业票据的真实性，减少信息不对称，降低信用和道德风险。

## 11.2 票据属性与区块链技术的契合

中国人民银行数字货币研究所副所长狄刚表示，数字票据在自身特性、交易特点、监管要求等方面都天然适用区块链技术。

具体表现在哪些方面呢？

第一，票据拥有行使权和转让权，并且在行使和转让的过程中需要注明各项权利，所以对防伪、防篡改有很高的要求。由于票据具有可转让性，所以中间会有众多的参与方，参与者众多对于票据安全与信任就会有更多的要求，同时在处理效率上也需要满足各种差别服务需求才能让参与人的需求得到满足。而区块链技术具有防篡改的特性，正好与票据这种需求相契合。

第二，票据属于非票金融资产，集交易、支付、清算、信用等诸多金融属性于一身，加上交易条件复杂，不适合集中撮合的市场交易机制，需要引入中介服务方提供细致的差异化匹配能力。当前票据中介良莠不齐，部分票据中介利用信息的不对称性违规经营，如伪造业务合同、多次转卖等，将一些风险极高的票据流入商业银行体系，给票据市场交易带来了潜在风险，急需借助新技术促进各参与方之间的信息对称。区块链中的智能合约能够实现"无条件自动实行"，所以以票据自动强制执行的智能合约形式存在于区块链上，可以降低交易风险。

第三，区块链技术能够为票据的监管提供有效的监督和干预作用。票据实质上是企业之间的商业信用上升为银行连带保证支付的银行信用。将票据环节纳入区块链以后，中小企业等于得到了银行的担保和认可，从而使票据融资通过技术手段获得了保障，让中小企业可以放心使用票据，降低融资成本。引入区块链后，由于每一笔交易都多区块记账，不易抵赖，因此，几乎无需中介，双方就可以直接点对点地完成交易清算，也不需要验票、防假票这些延伸安全环节，降低了交易成本。

区块链数据对监管方完全透明的数据管理体系提供了可信任的追溯途径，也使得监管的调阅成本大大降低。自动的业务合法性检测可以实现业务事中监管，比如通过背书转让时的前置检查规避票据的非法流通。

第四，区块链打造的数字票据平台有很多技术上的优越性。区块链属于去中心化模式，也就等于建立更加安全的"多中心"模式。参与链上的各方都无法轻易修改规则，任何修改都能留下完整记录，这样就会让票据业务增加了透明度。

第五，区块链技术能够对传统票据业务进行创新。传统的票据贴现业务有买断式转贴现和回购式转贴现两种。随着数字票据业务普及，市场可能自发出现新的转贴现形式，如转贴现利率随着回购间隔时间自动调整等。此外，票据质押业务、票据池业务、大面额票据打散成小面额票据交易等在票据法允许的范围内都可以做业务的试点创新。数字票据交易系统无需更新后台业务逻辑，只要根据市场的需求发布新的业务智能合约即可，大大缩短了需求响应时间。

第六，区块链技术使票据业务实现多区块链联动，共享数据，能有效控制无贸易背景的纯套信贷行为发生，从而有效识别，使资金切实落实到位，帮助企业低成本融资。多区块链的融合共享，从技术层面强化了监管。基于智能合约形成的数字化票据在签发时会记录在区块中，并随着贴现、转贴现不断流转，整个流转过程将全部记录在区块体系内。最终承兑后，票据智能合约消失，但历史过程仍存档永久性保留在整个区块体系内，方便查阅并可有效防止抵赖。

根据这些契合点，未来区块链技术＋票据的应用，将为金融票据业务带来更多的可能性。

## 11.3 区块链赋能数字票据

票据市场是我国发展最早的金融子市场之一，经过多年的建设和发展，作为有效连接货币市场和实体经济的重要通道，票据市场已成为金融市场体系的重要组成部分。自我国从2009年起引入电子票据，纸质票据与电子票据并行后，我国票据市场交易活跃，规模也迅速扩张。随着数字金融的不断发展，未来区块链赋能数字票据将会成为新的票据状态。

区块链数字票据其实是电子票据的扩展，也就是在电子票据的基础上引入区块链技术，从而形成数字票据。这个有点像数字货币，数字货币=数字金币+加密货币。

所谓区块链数字票据，并不是新产生的一种实物票据，也不是单纯的虚拟信息流，它是用区块链技术结合现有的票据属性、法规和市场，开发出的一种全新的票据展现形式，与现有的电子票据相比，在技术架构上完全不同；同时，它既具备电子票据所有功能和优点，又融合进区块链技术的优势，成为一种更安全、更智能、更便捷、更具前景的票据形态。所以，数字票据可以理解为基于区块链技术构造的全新形式的电子票据。

为什么说区块链能够赋能数字票据呢？因为在区块链打造的联盟链中，所有的交易和支付都需要得到各个参与方的批准和同意，链上的信息公开透明，并且无法篡改和复制。不论是发货方还是收货方，或者其他任何一方都有权查看链上交易信息，这样确保数据的真实透明，能够打消人们对数据安全的顾虑。另外，还可以将货运代理人、银行、运贷商、贸易商等所有利益相关者进行联结，在链上形成点对点和完全分布式网络。

最主要的一点是区块链在票据交易领域具有一定的优势，具体表现如下。

① 区块链分布式数据库容错功能强大，降低成本的同时为票据运作体系增加了安全系数。传统的互联网数据库是中心化的，而且容量有限，很容易让黑客控制或面临服务器崩溃。区块链是多中心化的，不会因为一个节点出错而影响其他所有参与者的运转，通过分布式技术，可以进行点对点直接通信，无需借助实体运转，在降低传统模式下运维成本的同时，可避免中心化模式中服务器崩溃或者黑客入侵控制系统等问题，更加安全放心。

② 区块链时间戳让数据可随时调阅、查询和追踪，这种对票据的实时把控

能够有效控制票据交易中的风险，不但能够保护企业商业机密，还能避免黑客入侵。另外，智能合约在很大程度上保证了票据安全。比如，当票据的代持模式应用开启时，智能合约可以将交易开始日期和约定买回日期通过代码的形式写入智能合约，智能合约可以通过代码来实现智能交易，票据交易在线下合同约束的同时有了更深一层的约束机制，合同到期后票据将自动完成赎回和买断。

虽然区块链对于数字票据有很多优势，但在设计数字票据体系时，要从实际业务场景出发，紧跟技术发展趋势，以此确保区块链底层的先进性和实用性。具体要从哪些方面着手呢？

①要让共识算法满足金融业务时效性要求。票据业务要求交易时间变得更短，那么就要保证交易的确定性，交易不能被取消或推翻，如此才能保证时效变短。所以，需要在区块链底层设计一种共识算法，保证提交交易后不会被取消。

②要对区块链底层设计多重防护，比如P2P通讯加密、落盘加密和硬件密钥管理。为防止信息泄露给第三方，在P2P网络数据与通讯上要采取加密机制，非交易参与方无法获得区块链上的数据。对区块链节点在本地保存的数据采用高强度的密码算法加密保护，可防止数据泄露。对于身份认证和交易签名等核心信息，对参与方密钥的管理和保护采取了高等级的硬件保护机制。金融机构与监管机构使用硬件密码机生成并保存私钥，企业用户使用安全芯片IC卡生成并保存私钥，采用智能合约管理用户权限，支持监管方根据用户请求重置业务操作密钥，以应对私钥丢失的情况。

③要兼顾隐私数据和全网共识这两个看似矛盾的需求。首先，需要一套综合隐私保护方案，基于同态加密和零知识证明技术，在满足转贴现交易金融隐

私保护的前提下支持票据的DVP（Delivery Versus Payment，券款对付）交易。比如，将用户的身份密钥与隐私保护密钥分开，前者用来做交易签名和身份证明，后者则用来对交易金额进行加密保护。其次，用户将隐私保护公钥公开，并与监管方的隐私保护公钥进行非交互式密钥共享算法计算，得到新的隐私保护密钥并公开其公钥。当两个参与方之间进行隐私保护交易时，双方利用对方的新隐私保护公钥再做一次非交互式密钥共享算法计算，得到本次交易的临时隐私保护密钥，并用其作为金额保护密钥。同样，监管方也可以通过两次非交互式密钥共享算法计算所有的隐私保护交易所使用的临时密钥，因此可以对区块链上的所有交易进行穿透式监管。第三方无法获得非交互式密钥共享算法计算的密钥，因此无法获得隐私保护的交易信息。

④ 在进行区块链数字票设计的过程中，要充分考虑分布式业务系统带来的不可控风险，要不定时进行技术创新。如针对智能合约不可升级的问题，要有动态挂载方案，确保在不影响既有数据的情况下对智能合约业务规则进行修改。同时，要降低区块链中间件的技术门槛。比如可以将复杂的区块链分布式业务逻辑封装成便于通过MQ（Message Queue，消息队列）调用的报文接口，同时将区块链上的非结构化数据根据业务规则同步到本地生成结构化关联数据。应用开发人员无需深入了解技术细节，按照传统的报文接口和关系数据库接口即可访问和调用区块链数据，可以大大简化与传统系统的整合难度。

## 11.4 链式票据的融合创新

随着数字时代的发展，票据和供应链有了更深的融合。我国票据业态不断发生着变化，往好的方向发展，从纸票到电票，从线下到线上，以及从银票为主到商票占比逐步扩大……尤其是与供应链的融合日益深入。在供应链场景中，票据的首要功能——支付功能得到充分应用，将发挥巨大的价值，一张票据的流转能解决供应链上下游之间的三角债，以及低成本、便捷融资等问题。随着区块链、大数据、云计算、物联网和人工智能等新技术的发展，应用于数据融合的创新将会越来越多。

在"互联网＋"和链式财资的创新思维下，在"区块链＋"和金融的创新技术下，在"场景化＋"和数字票据的创新体验下，票据的基础属性将被重构，逻辑规则将被重塑，组合进化将被重启，将迎来互联网＋票据的下一个风口。

票据作为一个集交易、支付、清算、信用等诸多金融属性于一身的非标金融资产，市场规模大、参与方众多、业务复杂，是票据组合进化的极佳创新应用场景。如数字票据既具备电子票据的所有功能和优点，又融合了区块链技术的优势，成为了一种更安全、更智能、更便捷、更具前景的票据形态。

借助区块链技术，可以直接实现点对点之间的价值传递，不需要特定的实物票据或中心系统进行控制和验证；中介的角色将被消除，也减少人为操作因素的介入。供应链金融也能通过区块链减少人工成本、提高安全性及实现端到端透明化。

通过区块链，供应链金融业务将能大幅减少人工的介入，将目前通过纸质作业的程序数字化。所有参与方（包括供货商、进货商、银行）都能使用一个去中心化的账本分享文件并在达到预定的时间和结果时自动进行支付，极大地提高了效率及减少人工交易可能造成的失误，最终实现以下功能。

**（1）交易票据化**

发挥企业的商业信用，推广电子商票的支付功能，并以上下游关系密切的龙头企业为重点，带动产业链上下游企业使用电子商票。在技术上，通过把资产数字化到区块链或与区块链锚定，采用智能合约来描述对资产关系的承诺，同时将智能合约的执行过程和结果严格记录在区块链上。

**（2）票据信用化**

在技术上通过以区块链固化交易历史，保留可信记录及提供追溯查询，通过物联网、大数据、人工智能等技术构建智能风控，以及通过链融平台增信，推动电子商票的信用化，进而推动商业信用的量化。

**（3）信用价值化**

通过对接资金端和资产端，让信用实现价值，实现联盟内的增信和流转。在此商业信用增信过程中，区块链技术可实现将仓单、合同及可代表融资需求的票据进行数字资产化处理，并记录在区块链中，使票据具有不可篡改且可追溯的作用，在防范交易纠纷的同时亦可作为企业未来信用评估的定量基础。

## 11.5 区块链+票据应用案例

### [案例1] 浙商银行首个区块链移动数字汇票投入应用

2017年1月3日，浙商银行基于区块链技术的移动数字汇票产品正式上线并完成了首笔交易，标志着区块链技术在银行核心业务的真正落地应用。浙商银行于2016年12月成功搭建基于区块链技术的移动数字汇票平台，可为客户提供在移动客户端签发、签收、转让、买卖、兑付移动数字汇票的功能，并在区块链平台实现公开、安全的记账。

区别于传统纸质与电子汇票，移动汇票通过采用区块链技术，将以数字资产的方式进行存储、交易，在区块链系统内流通，不易丢失、无法篡改，具有更强的安全性和不可抵赖性。此外，纸质汇票电子化，可解决防伪、流通、遗失等问题。

浙商银行信息科技部相关负责人表示，本次在商户处实现首笔真实交易，真正验证了区块链技术可降低交易成本、提升结算效率、实现安全互信等特质，从而彰显区块链在升级打造金融体系底层技术架构中的价值。

### [案例2] 磁云科技"区块链+应收账款"实现资产数字化

磁云科技2018年发布磁云"唐票"，采用"区块链+应收账款"架构，实现资产数字化（唐票），以建立金融集市的交易模式，从而实现了数字资产的切分、流转和融通。该产品及方案目前与国内多家大型企业集团达成合作。

"磁云唐票"是基于区块链为信用底层的数字资产融通开放平台，利用区块链不可篡改、共享分布式账本特性，将产业链上的资产数字化，并上链确权，成为一种可多级流转、无限拆分、可融资、可持有、可赎回的区块链付款承诺函，实现信用在核心企业、供应商、资金方、保理公司等各方多级传递，打破信息孤岛，降低信用成本，提高资金与资产的匹配效率，为供应链各环节供应商及分销商带来快捷低成本的融资服务，为资金方提供可信真实的债权资产，为核心企业构建产业金融生态，让供应链企业融资更便捷。

## [ 案例3 ] 重庆区块链财政电子票据试点覆盖300多家市级单位

重庆区块链财政电子票据试点工作正稳步推进，截至2020年10月，已覆盖市级单位300多家，累计开具财政电子票据600多万份。"纸质"票据变"电子"票据后，将监管部门、用票单位、缴款人、缴款渠道等要素集中在一个平台上，既提高效率，又汇集数据，实现了一举三得：用票单位实现了数据多跑腿、群众少跑路；票据监管部门可以对财政票据进行全流程监督，变事后监督为事中预警；缴款人既减少了排队等候时间，也减少了票据丢失的风险。

# 第12章

## 区块链数字金融
## 未来展望

# 12.1　国家将区块链技术上升为战略高度

区块链被认为是继互联网之后的又一大浪潮，将作为基础设施为各行各业带来巨大的变革机会。一些专家普遍认为，世界各国区块链技术和产业均处于快速发展的早期阶段，没有哪个国家存在绝对的优势，我国在该领域有实现"直道超越"的机会。

区块链是一种新兴技术，根据国际通用标准，主要分为两类：公有链（Permissionless Blockchain）和许可链（Permissioned Blockchain）。

公有链主要用于虚拟货币（Cryptocurrencies），到目前为止，世界上基本没有非虚拟货币的公有链应用。公有链的特点就是目前大家常说的去中心化和匿名性等。但因为公有链和虚拟货币不符合我国现行的法律法规和监管要求，原则上在我国无法合法落地和运营，所以国家把区块链技术上升为战略高度，针对的不是公有链和虚拟货币，而是许可链（包括联盟链和私有链技术）。许可链主要适用于企业级、工业级和行业级各类应用。如此一来，社会民众会逐渐理解区块链是一种底层技术，不会再混淆区块链和虚拟货币之间的关系，而国家将其提到战略高度也是为了学习和布局区块链中许可链的技术发展，从而掌握最核心的"硬技术"，实现区块链核心技术的自主创新。目前，我国区块链专利申请数量已位居全球第一，区块链技术未来在金融、民生、政务等多领域将具有更为广阔的应用前景。

为什么国家会将区块链技术提高到战略高度呢？主要有以下几个方面的因素。

**（1）科技发展催生区块链技术发展**

由于全球都在加快布局区块链的技术发展，所以我国必须积极推进，甚至要抢跑才能提前掌握核心技术。从政府政策来看，也更加鼓励企业进行区块链核心技术的自主创新。

### （2）产业发展需要区块链技术融合

区块链对产业的根本作用就是能够在产业应用中达到融合，区块链技术一定要解决某一领域的具体问题，这就要求区块链技术能深入到具体场景中。

### （3）民生需求借助区块链实现价值

区块链技术不可篡改、多方参与的特性是提升社会治理的重要工具。区块链在民生与公共服务领域有天然的优势，未来在教育、就业、养老、精准扶贫、医疗健康、商品防伪、食品安全、公益和社会救助等方面的应用价值会逐步显现出来。

### （4）推进现代城市建设需要区块链技术支持

在智慧城市场景，区块链底层技术服务将与新型智慧城市建设相结合，探索在信息基础设施、智慧交通、能源电力等领域的推广应用，提升城市管理的智能化、精准化水平。在区块链基础设施的支持下，城市间在信息、资金、人才、征信等方面将有更大规模的互联互通，提高生产要素在区域内的有序流动。

### （5）经济金融形式需要区块链技术解决难题

在经济金融领域，传统金融行业的发展存在着诸多业内难以解决的问题，例如征信、审核等环节成本高昂，结算环节效率低下，风险控制代价高以及数据安全隐患大等。而区块链具备的数据可追溯、不可篡改、智能合约自动执行等技术特点，有助于缓解金融领域在信任、效率、成本控制、风险管理以及数据安全等方面的问题。

区块链可以实现信用穿透，证明债权流转的真实有效性。金融机构可以在征信方面节约大量成本，放心地向企业、个人提供贷款，解决中小企业贷款融资难、银行风控难、部门监管难等问题；贸易领域可以省略大量的纸面工作，监控物流环节，防止欺诈。

可以预测，区块链将改变世界，在实际应用场景中创造更多奇迹。未来，国家将大力发展区块链技术，各大企业也会积极布局区块链并使其落地。区块链将颠覆我们的想象，影响我们每一个人的生活。

## 12.2　区块链数字金融安全及隐私保护

所谓信息安全，就是综合采用技术、物理、管理等各种手段方法，全面防护目标信息系统的网络层、数据层、系统层、应用层等各个层面，确保信息安全。信息安全是保护信息的机密性、完整性和可用性。其中，机密性是阻止未经授权的信息披露，也就是保护敏感信息，不让别人（未授权方）获取。完整性是保障信息和系统的准确性和可靠性，并禁止对数据的非授权更改，也就是保护相关系统、数据和网络免受外界干扰和污染。可用性是确保授权用户能够对数据和资源进行按需的、及时的和可靠的访问，也就是要消除各种威胁，确保正常运行，且能够快速从崩溃中恢复。

前面讲过，区块链是一个开放式的、不受单一组织控制的分布式"账本"，它融合了P2P网络、密码学、共识机制、智能合约等技术，实现了去中心化交易过程中节点间信息可靠传递、交易账户安全、节点间信息传递不被篡改等功能。

信息的加密是区块链的关键环节，主要是哈希函数和非对称加密两部分的算法。其中，非对称加密部分使用私钥证明节点所有权，通过数字签名实现；使用哈希（Hash）散列算法，把任意长度的输入变换成固定长度的由字母和数字组成的输出，具有不可逆性，实现不可篡改。虽然这样的算法给区块链带来了不可篡改的优势，但作为一项新兴技术，在信息安全方面依然存在不足。

（1）共识机制的挑战

对于区块链中的共识算法，是否能实现并保障真正的安全，需要更严格的证明和时间的考验。采用的非对称加密算法可能会随着数据、密码学和计算技术的发展而变得越来越脆弱，未来可能具有一定的被破解性。此外，区块链上包含账户安全的私钥是否容易窃取仍待进一步探索。

（2）51%攻击的问题

在区块链中，若控制节点中绝大多数计算资源就能重改公有账本，这被称为51%攻击。真实的区块链网络是自由开放的，所以，理论上，区块链上无法阻止拥有足够多计算资源的节点做任何操作。在现实情况下，发起51%攻击是具有一定可行性的。当然，拥有足够多的算力并不会迅速破坏整个体系——至少不是短时间内，但可能会导致系统混乱。

（3）审查监管需求

审查监管需求，也是实际运作中不可忽略的一项，完全去第三方的理想主义在现实应用中是行不通的。区块链仅仅保障了线上数据的不可篡改、真实可信，落实到线下的承兑环节，这一切还需要政府法律来保障执行。对于政府机构而言，AML（Anti-Money Laundering，反洗钱）及KYC是绕不开的，显然也是实名的需求。但是涉及个人层面的应用，匿名与隐私的保护又是必要的，所以还要针对具体问题具体分析。

对于隐私保护，我们也不能持太过乐观的态度。

说到底，人们迫切需要区块链技术为自己的隐私加把锁，同时也需要区块链技术加持物联网与人工智能技术，让它们更好地服务于我们的生活。很多科研团队的试验与实践均表明，区块链技术确实可以完美解决物联网中安全性弱和隐私性差这两大弊端，同时为技术创新提供更多空间。

有人可能会问：区块链能彻底解决隐私泄露问题吗？答案是否！也有人会问：区块链一向以数据公开透明而闻名，在数据公开的同时做到隐私保护，这不是自相矛盾吗？

在区块链公有链中，每一个参与者都能够获得完整的数据备份，所有交易数据都是公开和透明的，这是区块链的优势特点；但另一方面，对于很多区块链应用方来说，这个特点又是致命的。因为很多时候，不仅用户希望他的账户隐私和交易信息被保护，就商业机构来说，很多账户和交易信息更是这些机构的重要资产和商业机密，不希望公开分享给同行。

其实，在数字经济时代，完全意义上的互联网隐私本来就是个伪命题。用户行为必然产生数字痕迹，而且难以被磨灭或者带走。你就算自绝于互联网，完全不上网，就能保证自己的信息彻底不泄露吗？显然不能。但区块链技术的出现可使用户在拥有数字身份的同时保护自身隐私，可以自如地允许或不允许个人或特定组织访问、储存、分析或分享个人数据。每一步都需要进行识别和验证，都必须满足用户的设定条件，从而令个人数据掌控权从互联网公司转移至用户自身，使个人掌控自己的数据成为可能。区块链公开透明不假，但用户拥有将什么数据设置为私密、什么数据公开放到区块链上的自由。所有的数据都可以上链，但有些信息可以加密且只有用户自己才能打开。这样一来，如果用户自己不注意，把自己重要的信息放在网上，那么隐私泄露就会成为可能。

区块链技术中的隐私问题一直以来都饱受诟病，一方面普通用户在区块链上的交易隐私应该得到保护，另一方面又应该防止恶意用户将其用作非法交易的平台。目前的匿名化技术还不能完美地保证匿名，这也会给用户带来交易与隐私上的风险。除了交易隐私，区块链技术中的智能合约隐私也是一个很值得关注的问题，目前也已经有一些工作开展起来。希望在不久的将来，区块链能做到在保证隐私的同时，为数字世界提供一个公开可信的技术支撑。

## 12.3　区块链跨链技术的价值

工信部下属的中国电子技术标准化研究院区块链研究室主任李鸣表示：区块链是价值互联网的基础设施，现有上千条公链正在建立价值孤岛，只有跨链相关技术才能加速链间互操作，最大化区块链的网络价值。

我们都知道，互联网是由早期的一个个局域网各自发展最后连接起来的。比特币、以太坊以及其他的区块链中的公链都是一个个局域网，或者也可以说成是试验网络。跨链技术就相当于现在的互联网，把各个相互独立的价值网络连接起来，形成一个统一的网络。在未来，跨链技术将会成为区块链的一个主要方向。

大部分的区块链项目，其实都是一个独立的生态体系，它没有和其他外界区块链进行连接。跨链技术可以理解为连接各个区块链的桥梁，主要实现各个区块链资金的原子交易、资产转换、区块链内部信息的互通。未来发展方向是跨链流程，比如跨链共识以及链与链之间互操作。这是可编程社会的发展产品，其技术复杂度以及业务自由度是最高的。

区块链技术的快速发展，通证的大量出现，区块链之间的彼此割裂不通，且资产价值波动较大，会制约发展，同时使管理数字资产变得困难，需要登录各类交易所才能兑换。各链之间犹如一个孤岛，也会降低各链社区的活力，限制区块链的网络发展，于是链与链之间的价值和数据交换越来越被重视，跨链的需求就出现了。

跨链的价值就是可以实现一个"可编程的社会和金融体系"。2014年，总部设于美国斯坦福的IT研究与顾问咨询公司Gartner（高德纳，又译顾能公司）提出"可编程经济"这一理念，昭示着经济和社会发展范式的一种转变。伴随经济社会的数字化转型，5G + AI + 物联网 + 区块链等新技术引领的集成创新大潮下，"万物智联"成为可能，以"数据 + 算力 + 算法"为驱动的智能经济崛起，智能社会赖以决策的数据资源和数据联通性每天以指数级呈爆炸式增长，既有的组织边界逐渐消散，线上线下一体融合、开放互联的社会化协同成为生产模式变革的方向，传统的微观经济决策体系和宏观经济调控框架必须根据新形势下新的发展逻辑进行调整，而"可编程经济"与"可编程社会"则构成了我们审视未来社会发展态势与治理优化方向的一种视角。

可编程经济是新技术支撑下自动化、智能化和算法优化的全新经济范式，可以依靠代码强制执行预先植入、满足触发条件的交易命令，产品和服务的创造者与消费者之间不再需要中介组织的联结就可以直接互动并进行价值创造与流转，经济和社会活动的自组织性大大增强。不仅如此，在可编程经济范式之下，在线交互过程与体验价值、社交价值、声誉价值和线下资源流转有机会深度结合，原来看起来不可量化的无形资产、社交资产，基于智能合约体系都具备了可以量化变现的可能，数字资产的范围大大拓展，科技赋能为场景化金融的发展提供了新的想象空间，虚拟经济和实体经济的融合发展呈现出新的特点。

伴随技术驱动下"可编程"理念在经济社会生活中的不断渗透,"可编程社会"的理念也逐渐浮出水面。

有学者把区块链对经济社会发展的影响划分为三个阶段。

区块链1.0阶段以"可编程货币"为主要表征,基于区块链技术构建起一个全新的数字支付系统来保障交易的安全性和可靠性。

区块链2.0阶段以"可编程金融"为主要表征,核心理念是把区块链作为一个可编程的分布式信用基础设施,区块链的应用范围从货币领域扩展到其他具有智能合约功能的领域,交易的内容超越简单的数字货币,涵盖房产契约、知识产权及债务凭证等,成为驱动金融科技商业化突破的强大引擎。

区块链3.0阶段以"可编程社会"为主要表征,区块链的应用将超越金融领域,扩展到身份认证、审计、仲裁、投标、工业、文化、科学和艺术等经济民生的方方面面,作为一种新兴技术支撑下的整体解决方案推动各个细分领域的效率和效能提升。过去大数据应用的核心瓶颈问题诸如"数据隐私""数据孤岛""数据确权"等都可以通过区块链加密技术和智能合约技术得以解决,技术信任机制保障资源和价值可以在更大范围内有序流动,政府与市场、政府与社会的关系在新的信息基础设施平台上得以重构,推动整个社会发展进入价值智链阶段,而"数字治理"也成为国家治理现代化的底层支撑。

从工业革命到信息革命再到如今的数字革命,当人、地点、事物、社区生活、社会环境被逐一联通、编程时,我们也逐渐步入"可编程社会",新技术的不断协同为社会运行机制、运行规则和治理规则的革新提供了越来越大的想象空间和创新活力,以应用端创新为导向强化基础理论和标准体系研究,完善与可编程时代相对应的法律法规体系有助于更好厘清开放共享的边界,进而促进科技与社会治理的深度融合。

## 12.4　构建区块链金融生态圈

金融生态圈是指商业银行通过互联网、云计算和大数据等金融科技的赋能，借助搭建的各类平台和研发的特色产品，以低频的金融服务为基础，深入各个高频的非金融服务场景中，例如交通、住建、医疗、教育等领域，形成一个以客户需求为导向，为客户提供满足生活各个场景需求的综合化金融服务生态系统。

目前，我国金融市场参与者包括：企业和个人，作为服务需求者；商业银行和互联网金融公司，作为服务提供者；政府机构，维持生态稳定。随着金融市场不断地横向拓展以及纵向深化，金融市场参与主体之间的联系更加紧密，关系也更加复杂。金融生态圈具有以下三种特点。

（1）**系统性**

银行、政府机构和客户之间的关系不是线性关系，而是多维度交织关系，三者均是金融市场重要的组成部分，形成一个系统的网状关系。

（2）**共生性**

无论是银行与企业之间，还是个人与银行之间，都不单纯只是供需关系，银行需要客户的资金支持，企业需要银行来提供资金进行运转，彼此呈现出的关系就是相互依存、共生的关系。同时，金融机构与对其进行监管的政府机构也存在共生的关系，商业银行的金融服务深入到政府机构促进政务发展，提高政务效率，能更好地维持金融稳定。另外，金融生态圈参与主体之间的关系也是相互竞争与合作，利用各自的技术和资金优势进行互补，推出更优良的金融服务。

### (3) 竞争性

在金融生态圈里，行业外部的互联网金融公司也参与到竞争之中来了。随着移动互联网的快速发展，客户的生活习惯发生了极大的变化，对于金融服务的要求也越来越严苛，越来越多的互联网金融公司出现。

目前很多金融公司和商业机构都开始尝试构建自己的圈子，通过建立联盟链模式完成交易和资产清算。联盟链的作用在于：采用多中心化，系统信任问题得到改善；可联合众多行业，对产业或国家的特定清算、结算用途有用，降低不同地区的结算成本和时间，比现有系统更加简单和高效；能够继承中心化的优点，易进行控制权限设定；具有更高的可扩展性。目前，高盛、摩根大通等国际大型金融机构都已陆续加入"R3CEV区块链联盟"。未来，我国构建银行业区块链生态圈也是有可行性的。

金融生态圈一般有以下几种模式。

第一种是由银行牵头或参与的区块链生态圈建设。一般是大型银行承担管理协调职能，科技力量相对薄弱的中小银行可参与区块链体系，以享受区块链技术的前沿成果。另外还可以让不同的银行共同出资成立区块链基础设施机构，最大限度保障所有参与银行的平等话语权。

第二种是由监管机构牵头打造的区块链金融生态圈。比如在联盟链生态中设置一个管理员（如银监会或人民银行）负责权限控制，并制定相应的区块链技术发展行为指引。商业银行作为参与节点负责账务记载，并接受业务规则和监管法规的约束，从而构成一定程度上去中心化、分布式的区块链生态体系。

第三种由行业协会或已有的联盟打造区块链金融生态圈。考虑到金融行业历来有组建或参与联盟组织的传统，建议充分利用行业协会或现有行业性业务联盟的权威号召力和较为成熟的组织管理模式，在联盟成员之间开展区块链应用场景建设，进而形成银行业区块链生态圈。

区块链的技术优势和金融领域高度数字化的特点，使两者结合能很好地解决金融领域现存的许多痛点。虽然区块链技术在金融领域的大规模应用还处在不断的探索进程中，但是目前国内外已经落地的区块链＋金融项目代表着将区块链运用到金融上拥有着广泛的应用前景，区块链给金融领域带来的变化已经开始并将形成趋势，未来构建区块链金融生态圈将成为可能。

## 12.5 加强监管控制金融风险

数字科技不断发展，与金融活动产生更多的交织和相融，金融业务也在不断拓宽边界，既有利好的一面，也有不利的一面，金融正在呈现出范围更广、隐蔽性更强的特点。有的金融投机者想利用科技手段脱离传统金融监管体系，加之有一些新的金融业务在法律上的界定具有复杂性和特殊性，很难直接纳入现有法律的监管体系。所以，未来加强监管和控制金融风险，推动科技与金融进一步融合，才能深度助力数字金融服务实体经济。

要想实现数字金融的平稳运行，离不开风险管理这个基础，只有打牢基础才能保证整个数字金融体系发展顺畅。那么，如何加强监管和控制金融风险呢？一般从风险识别、风险监测和风险预防等领域入手。

在风险识别领域，传统的风险识别方式依赖风险模型的辅助，量化模型最重要的是其数据的真实性和多样性。区块链技术可以确保数据的真实有效，且只需要获取密钥，就可以获得需要的数据源，打通数据库，增加数据的宽度与广度，有助于风险模型精度的提升。

在风险监测领域，传统的监管限于监管效力，面对海量的数据无法做到实时监管，多数情况下在金融风险发生后才制定新的制度来弥补漏洞。区块链上的数据实时更新，其他节点可以实时获取最新数据，每笔交易均可以溯源，监管方无需花费大量精力在溯源和核实上，节省了大量人力物力的同时，提高了监管效力。

在风险预防领域，将区块链技术和监管相融合，可以打破金融监管滞后于金融创新的局面，借助于大数据技术获取海量数据，区块链技术保证数据的真实性和可溯源性，借助风险模型识别分析找出可疑点，智能合约自动执行报警系统，从而可以增强对金融风险的防范能力。

虽然区块链技术使监管的效率得到提升，但区块链技术衍生出的一些金融创新又会给金融监管带来新的难题，比如匿名性很容易滋生实体资产的转移、模糊不清的债务以及偷税漏税、洗钱等风险。加上国际上各个国家对于区块链技术赋能金融领域的利益诉求不一致，所以导致对于数字货币的监管标准参差不齐，监管套利事件或许会涌现，进而衍生出更多问题，如何进行规则适配是个复杂的问题。数字货币增加了金融体系的不确定性，会影响货币政策实施，这些都会给金融监管带来不小的压力。

目前来看，区块链技术的应用还是侧重于对传统金融体系的渐进式改良，而非对传统金融体系的全面颠覆，一方面是因为全球的监管者非常审慎，普遍认为区块链技术带来的改变不可逆转，其不确定性较大，目前还无法估量区块链技术带来的影响；另一方面，市场上不同的参与主体的关注角度不同，他们的探索尝试是循序渐进且局部的。

可以预见的是，在区块链技术赋能数字金融的过程中，各界人士会主动接触学习区块链技术，不同于前期主要是技术人员参与，后期可能会有更多的金融业界人士主动拥抱区块链技术，让区块链技术和传统金融场景实现更多的融合，实现更多切实可行的商业模式落地，使得区块链技术赋能金融数字化转型迈入新阶段。

## 12.6　区块链远景：建立数字金融新经济

当前，以信息技术和数据作为关键要素的数字经济蓬勃发展，全球数字化程度日益加深，并成为引领经济社会变革、推动各国经济增长的重要力量。与传统的农业经济和工业经济以土地、劳动力、资本为关键生产要素不同，数字经济是以数据为关键生产要素、以现代信息网络为重要载体、以数字技术应用为主要特征的经济形态。大力发展数字经济，是实现我国经济高质量发展的必由之路。

对于区块链的认知，大家达成的共识是认为区块链的意义在于记账。早先，人们将区块链视为点对点网络上的一个分类账本，每笔交易自诞生起，所有转账、交易都将被记录在"区块"上，区块与区块之间首尾相连，形成链式结构，并且公布给该网络上所有的节点，节点之间通过共识机制达成共识。节点成员可根据权限查阅相关交易记录，但任何单个节点都无法轻易控制和更改整个网络的数据。所以，很多人认为，区块链技术是第三次互联网革命，给数字经济时代带来了巨变的曙光。尤其区块链技术在金融领域的广泛使用，未来区块链对建立数字金融新经济将产生深远的影响。

未来将是数字经济的时代，区块链带来了新的数字经济革命。区块链以

P2P技术、密码学和共识算法等技术为基础，具有数据不可篡改、系统集体维护、信息公开透明、分布式记账、智能合约等特性。这些特性使得区块链技术创造了人与人之间新的信任基础。而这些特征如果再与构成未来新数字经济的其他技术实现组合或融合，那么才是未来区块链最终要走的路。

数字金融新经济主要包括大数据、云计算、物联网、区块链、人工智能五大技术。根据数字化生产的要求，大数据技术为数字资源，云计算技术为数字设备，物联网技术为数字传输，区块链技术为数字信息，人工智能技术为数字智能，五大数字技术是一个整体，相互融合呈指数级增长，推动数字新经济的高速度、高质量发展。

所以，区块链的最终之路是要为实现真正的数字经济贡献力量，是连接大数据、云计算、物联网及人工智能的纽带。区块链的远景是建立数字新经济，主要体现在哪些方面呢？

**（1）区块链与大数据的关系**

我们当下的经济社会无不跟"大数据"有关。那么，区块链和大数据究竟会擦出什么样的火花呢？大数据，需要应对海量化和快增长的存储，这要求底层硬件架构和文件系统在性价比上要大大高于传统技术，能够弹性扩张存储容量。区块链是底层技术，大数据则是对数据集合及处理方式的称呼。所以"大数据会被区块链摧毁"是完全不会发生的。相反，区块链让大数据更加完美。

区块链上的数据具有真实、顺序、可追溯的特性，相当于已经从大数据中抽取了有用数据并进行了分类整理。所以区块链降低了企业对大数据处理的门槛，而且能够让企业提取更多有利数据。另外，大数据中涉及用户的隐私数据问题，在区块链技术的加持下也不会出现。用户完全不用担心自己的私人信息被偷偷收集，也不用担心自己的隐私被公之于众，更不用担心自己被杀熟。隐私数据使用决定权完全在用户自己手里，甚至可能会出现，企业会通过一定的付费手段获取隐私信息，用户从中能够盈利。

### （2）区块链与物联网之间的关系

当前全世界的物联网设备数以万计，是天然的分布式网络，也是区块链技术最佳应用场景之一。但传统的物联网设备算力低、数据交易又很频繁，存在数据产生持续性、碎片化、分散化等问题，传统的中心化存储方案也很难处理。

区块链能够解决这一问题，以数据为核心价值载体，一切围绕数据存储、数据交易、数据采集进行，将物联网设备作为节点使用，验证交易，安全灵活，其思路就是谁的数据谁付钱，存在谁那儿谁收钱。同时提供无法篡改的数字加密令牌，也就是Token，在物联网设备之间，用来物物结算。比如说，家中的空调配件出现故障或者老化，可以自动通知厂商进行更换，并用Token进行结算；家中洗碗机的耗材用光前，也可以由洗碗机程序直接下单购买洗碗机盐；家中智能微波炉、炉灶、净化器等智能家居每天的使用数据被分享给广告商，以便于广告商进行家庭广告精准投放，并且将广告费通过Token返还给用户，使用户获利。

### （3）区块链和云计算的关系

从技术上看，大数据和云计算的关系就像一枚硬币的正反面一样密不可分。大数据必然无法用单台的计算机进行处理，必须采用分布式架构。它的特色在于对海量数据进行分布式数据挖掘，但它必须依托云计算的分布式处理、分布式数据库和云存储、虚拟化技术。云计算与物联网也有着密切的关系。云计算相当于人的大脑，是物联网的神经中枢。云计算是基于互联网的相关服务的增加、使用和交付模式，通常通过互联网来提供动态易扩展且经常是虚拟化的资源。

区块链本身是一种资源，有按需供给的需求，是云计算的一个组成部分。云计算与区块链技术结合，将加速区块链技术成熟，推动区块链从金融业向更多领域拓展，比如无中心管理、提高可用性、更安全等。

**（4）区块链和人工智能的关系**

区块链关注的是保持准确的记录、认证和执行，而人工智能则助力于决策、评估和理解某些模式和数据集，最终产生自主交互。人工智能与区块链技术结合最大的意义在于，区块链技术能够为人工智能提供核心技能——贡献区块链技术的"链"功能，让人工智能的每一步"自主"运行和发展都得到记录和公开，从而促进人工智能功能的健全、安全和稳定。

当区块链与大数据、物联网、云计算以及人工智能产生了强强连接和组合，那么建立新的数字经济社会就会成为未来的主要趋势。未来，区块链技术将在各个领域实现互联互通，跨链技术是区块链实现价值互联网的关键所在，也是区块链技术将数字经济引向未来的一道路径。

未来区块链打造的数字新经济可以实现很多之前不可能实现的东西，也可以推动数字金融社会经济的发展。比如：

* 让银行监管变得更有效，推动完善银行后台系统功能，提高清结算能力，节约成本；

* 在股票交易过程中避免老鼠仓；

* 在金融供应链上实现溯源防伪、交易验真、及时清算；

* 智能合约使资产所有者直接发起交易，而不再依赖中介或第三方；

* 高价值物品无中介投保，帮助贵重物品保真、追踪、溯源；

* 记录和保护医疗、就业和养老保险等数据；

* 帮助房地产记录、追溯和转移地契、房契、留置权；

* 准确、可验证且无法篡改地审计跟踪记录；

* 使慈善捐助中的赠送项目和项目支出更透明化；

……

# 后记

这本书从最初的收集资料到不断修改写作架构,再到审阅出版,整个过程既充满挑战又十分辛苦,阐述观点的过程中也是自我学习和提升的过程。在本书的写作过程中,我得到了很多人的帮助,有观点上的点拨、写作过程的指导、资料收集论证方面的协助。在这里,特别感谢崔有能、黄建业在本书创作过程中给予的支持与帮助。

独木难以成林,汇流才能成海。希望研究区块链技术和金融科技的从业者和同行们,把握当下区块链发展趋势和数字经济发展机遇,运用科技手段,结合数字经济和互联网、5G时代发展趋势,通过以区块链、人工智能、大数据、物联网等为代表的数字技术改变人们的生产生活方式,推动社会发展和变革。数字经济是继农业经济、工业经济之后的新经济形态,是将数据作为重要的生产资料,并使其在整个经济链条中发挥基础性作用的经济形态。我们正在加速进入数字经济和数字社会时代。我们应深化金融行业各应用领域的改革,增强金融服务实体经济的能力,在融合中激发新活力,在碰撞中展现新智慧,为推动新时代金融业高质量发展做出新贡献。

# 参考文献

[1] 杨保华. 区块链原理、设计与应用区块链技术落地实战备,从区块链到超级账本. 北京:机械工业出版社,2017.

[2] 邹均,曹寅,刘天喜. 区块链技术指南. 北京:机械工业出版社,2016.

[3] 杜均. 区块链+. 北京:机械工业出版社,2018.

[4] 长铗,韩锋. 区块链:从数字货币到信用社会. 北京:中信出版社,2016.

[5] 徐明星,刘勇,段新星,郭大治. 区块链:重塑经济与世界. 北京:中信出版社,2016.

[6] 段伟常,梁超杰. 供应链金融5.0:自金融+区块链票据. 北京:电子工业出版社,2019.

[7] 姜才康,李正. 区块链+金融:数字金融新引擎. 北京:电子工业出版社,2021.

[8] 徐明星,田颖,李霁月. 图说区块链. 北京:中信出版社,2017.